Títulos relacionados

LAN DE MARKETING MPRESARIAL F2392

URA CRISTINA ÁLVAREZ GÓMEZ

N: 978-84-283-9663-9

MARKETING Y PROMOCIÓN EN EL PUNTO DE VENTA UF2394

MARÍA DE LA CRUZ GARCÍA AMARILLA

ISBN: 978-84-283-3443-3

RED DE VENTAS Y PRESENTACIÓN DE PRODUCTOS Y SERVICIOS UF2395

ENRIQUE GARCÍA PRADO

ISBN: 978-84-283-3468-6

Solicítalos en

- Librería
- www.paraninfo.es
- Solicitudes nacionales 902 995 240
- Solicitudes fuera de España +34 913 308 907
  +34 913 308 919

Protocolo en eventos de marketing y comunicación UF2397

Enrique García Prado

Maquetación: Ediciones Nobel
Impresión: ServiceCom (Alcalá de Henares, Madrid)
ISBN: 978-84-283-3951-3
Depósito legal: M-5483-2017

Impreso en España

Autor

Enrique García Prado trabaja como docente en el ámbito de la formación ocupacional y continua en cursos dirigidos a trabajadores, en activo o desempleados, en diversos centros formativos; igualmente, desarrolla acciones formativas *in company* para empresas. Imparte cursos tanto presenciales como *e-learning* del área de Administración y Gestión de Empresas (prevención de riesgos laborales, nóminas y seguros sociales, normativa laboral, creación de empresas, atención al cliente, *marketing*, gestión de equipos comerciales, venta *online* y fiscalidad de las pymes). Posee el certificado de profesionalidad de formador ocupacional e imparte cursos adaptados a certificados de profesionalidad.

Como autor de libros de texto, ha publicado con Paraninfo varios títulos para certificados de profesionalidad, e igualmente ha escrito manuales para cursos *online* sobre estas materias.

Licenciado en Derecho (Universidad de Oviedo), ha cursado, además, los estudios de Técnico Superior en Prevención de Riesgos Laborales, Máster Universitario en *e-learning* y Redes Sociales, Máster en Asesoría Fiscal, Experto Universitario Sociolaboral, Programa Avanzado en Dirección Empresarial, Gestión de la Organización Empresarial, Gestor Administrativo y Mediador de Seguros titulado.

Para Lucía, gran experta
en la organización de eventos

Índice

Introducción normativa

La Ley Orgánica 5/2002, de 19 de junio, de las Cualificaciones y de la Formación Profesional fue el primer texto legislativo que reguló de forma exclusiva las enseñanzas profesionales en España. Una de sus novedades consistió en relacionar directamente la formación con el empleo, permitiendo las convalidaciones y equivalencias entre la Formación Profesional del sistema educativo, la Formación Profesional para el empleo, y experiencia laboral. Para poder desarrollar estas medidas se creó el Sistema Nacional de Cualificaciones Profesionales y dos instrumentos básicos: el Catálogo Nacional de Cualificaciones Profesionales y el Catálogo Modular de Formación Profesional.

Las Cualificaciones Profesionales responden a la iniciativa que impulsa el Marco Europeo de las Cualificaciones (EQF), para facilitar un espacio abierto de aprendizaje y de empleo, así como la adecuación entre oferta y demanda no solo a nivel estatal, sino entre los distintos países.

El Catálogo Nacional de Cualificaciones Profesionales ordena las cualificaciones profesionales, incluyendo el contenido de la formación profesional asociada a cada cualificación, de acuerdo con una estructura de módulos formativos articulados en un Catálogo Modular de Formación Profesional. Entre sus principales objetivos tiene el posibilitar la integración de las ofertas de formación profesional, adecuándolas a las características y demandas del sistema productivo.

Para conseguirlo, este Catálogo, además de identificar y definir las cualificaciones profesionales que requiere el sistema productivo, establece los contenidos formativos básicos que resultan necesarios para que las ofertas formativas garanticen la adquisición de las competencias profesionales apropiadas para el desempeño profesional.

Las Cualificaciones Profesionales se acreditan mediante "Títulos" de Formación Profesional del sistema educativo, y Certificados de Profesionalidad de Formación para el Empleo. Ambas acreditaciones tienen carácter oficial y son válidas en todo el Estado.

Los contenidos asociados a las cualificaciones profesionales constituyen el Catálogo Modular de Formación Profesional, que se estructura en módulos formativos.

Mediante la superación de los módulos formativos, diseñados en itinerarios específicos para cada Cualificación Profesional, se puede obtener el Certificado de Profesionalidad correspondiente. Además, se posibilita la convalidación de determinados módulos profesionales incluidos en los títulos de Formación Profesional del sistema educativo, asociados a Unidades de Competencia comunes.

El Certificado de Profesionalidad es, por tanto, el instrumento de acreditación, en el ámbito de la Administración laboral, de las cualificaciones profesionales incluidas en el Catálogo Nacional de Cualificaciones Profesionales, adquiridas a través de procesos formativos o mediante procedimientos de reconocimiento de competencias profesionales adquiridas por experiencia laboral o vías no formales de formación, regulados por el Real Decreto 1224/2009, de 17 de julio.

ESTRUCTURA DE UNA CUALIFICACIÓN

DATOS DE IDENTIFICACIÓN
Denominación
Nivel
Competencia general
Entorno profesional

UNIDADES DE COMPETENCIA		FORMACIÓN ASOCIADA
Unidad de competencia 1	⟷	Módulo formativo 1
Unidad de competencia 2	⟷	Módulo formativo 2
Unidad de competencia N	⟷	Módulo formativo N

Las cualificaciones profesionales se estructuran en unidades de competencia, que se definen como agrupaciones de tareas productivas específicas que debe realizar el profesional. Las diferentes unidades de competencia de un certificado de profesionalidad conforman la Competencia General, definiendo el conjunto de conocimientos y capacidades que permiten el ejercicio de una actividad profesional determinada.

Cada unidad de competencia lleva asociado un módulo formativo, donde se describe la formación necesaria para adquirir esa unidad de competencia, pudiendo dividirse en unidades formativas.

El módulo formativo es el bloque coherente de formación asociado a cada una de las unidades de competencia que configuran la cualificación. Cada módulo formativo tiene un formato normalizado que incluye los datos de identificación y las especificaciones de la formación que se incluyen en las ofertas formativas conducentes a la obtención de los certificados de profesionalidad.

DATOS DE IDENTIFICACIÓN:

— Denominación.
— Nivel de cualificación al que se vincula.
— Unidad de competencia a la que está asociado.
— Código alfanumérico y duración en horas.

ESPECIFICACIONES DE LA FORMACIÓN:

— Capacidades: expresión de los resultados esperados de las personas en situación de aprendizaje al finalizar el Módulo Formativo.

— Criterios de evaluación: conjunto de precisiones para cada capacidad que indican el grado de concreción aceptable de la misma. Delimitan el alcance y nivel de la capacidad y el contexto en el que va a ser evaluada.

— Contenidos formativos necesarios para adquirir las competencias a las que se asocia. Requisitos básicos del contexto formativo: espacios e instalaciones y perfil profesional del formador. Estos requisitos tienen carácter orientador para la normativa básica reguladora de las ofertas formativas.

El presente libro desarrolla la Unidad Formativa denominada *Protocolo en eventos de marketing y comunicación*, UF2397.

Dicha unidad formativa está asociada a la Unidad de competencia UC2187_3, forma parte del Módulo Formativo MF2187_3 *Gestión de eventos de marketing y comunicación* perteneciente a las Cualificaciones Profesionales de referencia COM652_3, de nivel 3, incluida en el Certificado de profesionalidad denominado. Se encuentra dentro de la familia profesional Comercio y Marketing.

Según el Real Decreto 614/2013, de 2 de agosto, los contenidos que en esta obra se recogen se corresponden con una duración de 30 horas.

Tanto la estructura como el desarrollo del libro se ajustan a los citados reales decretos y más concretamente a los contenidos de la Unidad Formativa que le da título *Protocolo en eventos de marketing y comunicación*.

Contenidos

1. **Protocolo y comunicación personal y corporativa**
   - Relaciones entre protocolo e imagen corporativa:
     - — Naturaleza del protocolo empresarial.
     - — Manual de protocolo de la empresa.
     - — Comunicación corporativa.
   - Tipos de protocolo
     - — Protocolo social.
     - — Protocolo académico.
     - — Protocolo internacional.
     - — Protocolo de banquetes y comidas.
     - — Protocolo de normas de expresión y comportamiento a través de Internet.
     - — Protocolo de actos deportivos.
     - — Protocolo de atención.
     - — Protocolo de seguridad.
   - Habilidades sociales y relaciones interpersonales.
     - — Normas de comportamiento y educación social.
     - — Relaciones personales y relaciones de grupo: similitudes y diferencias.
     - — Psicología individual y social básica aplicada a actos sociales.
     - — Liderazgo, empatía y asertividad.
   - La imagen personal.
     - — Elección del vestuario.
     - — Formas de saludar.
   - Formas protocolares de expresión oral:
     - — Comunicación verbal.
     - — El lenguaje corporal.
   - Formas protocolares de expresión escrita.
   - Atención a los medios de comunicación y prensa.

2. **Ceremonial de actos y eventos de marketing y comunicación.**

   - Legislación de protocolo y ceremonial del Estado, Académico y Religioso.
   - Ceremonial y protocolo institucional aplicado a eventos de empresas.
   - Normas y usos habituales en actos protocolarios:
     - — Decoración y elementos escenográficos.
     - — Disposición de autoridades.
     - — Uso de símbolos oficiales: banderas, himnos, logotipos e imágenes de empresa.
     - — Orden de intervenciones y jerarquía.
     - — Atención a invitados y acompañantes.
   - Desarrollo de actos y eventos protocolarios:
     - — Incidencias habituales en el desarrollo de actos y eventos.
     - — Fórmulas de resolución.

1. Protocolo y comunicación personal y corporativa

Es frecuente la existencia de dudas acerca de la importancia que tienen los buenos modales y el protocolo en las empresas en el mundo globalizado de los negocios considerándolo en ocasiones como algo superficial.

Por oposición a lo que podría pensarse en estos tiempos de costumbres menos formalistas que en épocas pasadas, el protocolo, el ceremonial y la etiqueta siguen vigentes, tanto en las entidades públicas como en las empresas privadas.

El protocolo está de plena aplicación en los negocios. En encuestas realizadas recientemente, al hacer referencia al tema de la falta de cortesía, más de la mitad de los ejecutivos manifestaron que esta lleva a la pérdida de negocio. Además, puede poner en riesgo la imagen de la empresa y del propio profesional.

El protocolo y los buenos modales tienen gran relevancia, dado que permite hacer una diferencia en un mercado cada vez más competitivo, contribuye al liderazgo, refuerza el compromiso con la calidad y la excelencia y, adicionalmente, genera confianza.

Contenido

1.1. Relaciones entre protocolo e imagen corporativa

La imagen corporativa es el modo en que se percibe una empresa, es la imagen de lo que la empresa significa, es un ejercicio en la dirección de percepción del espectador, la imagen corporativa constituye la carta de presentación, la primera impresión que el público percibirá de la empresa.

Para que la imagen funcione y ayude a desarrollar la confianza del público objetivo, habrá de reflejar los valores de la organización empresarial. La personalidad empresarial debe aparecer comunicada en la imagen corporativa.

Con carácter previo al desarrollo de una imagen corporativa, ha de determinarse la serie de los valores que identifican a la empresa (calidad en la atención al cliente, venta de productos exclusivos), un requisito adicional es que la imagen tendrá que ser coherente, ha de estar definida desde el principio y con estándares, la imagen deberá presentarse siempre del mismo modo, no sería adecuado efectuar cambios periódicos de los colores corporativos, deberá respetarse al máximo las características que la componen porque esa es la forma en la que el público identifica a la organización.

Cualquier cambio que se decida efectuar tiene que haber sido analizado previamente. Otro requisito es que la imagen corporativa debe diferenciar a la empresa del resto. Lo peor que puede pasar en este ámbito es que su imagen se confunda con otra. Antes de comenzar a construir la imagen se deberá estudiar a la competencia y buscar las formas de diferenciarse de ella.

1.1.1. Naturaleza del protocolo empresarial

La imagen de las empresas se ha transformado en un elemento tan global como el contexto en el que operan y en el que son observadas. El protocolo no ha de considerarse un lujo, sino una necesidad, por lo que sería adecuado que todas las empresas, con independencia de su tamaño, dediquen una partida específica de sus recursos a cuidar su imagen, aunque solo sea porque, aun sin pretenderlo, las empresas siempre comunican.

En el mundo empresarial, una de las palabras claves es el entendimiento. La mayor parte de las empresas no cuentan con un departamento de protocolo o relaciones públicas. Incluso las grandes se han empezado a dar cuenta de la importancia que tiene dentro de la empresa y del gran papel que juega en muchos ámbitos y aspectos empresariales. El protocolo empresarial es un elemento dinamizador que contribuye a maximizar el potencial comercial de cada empresa.

Es importante considerar que la cordialidad hace más fluidas las relaciones entre los clientes y los proveedores. En la actividad empresarial una de las palabras claves es el entendimiento. Si existe un entendimiento mutuo, se genera un negocio. Es decir, entendimiento con los clientes y con los proveedores. El modo más eficaz de encontrar este entendimiento es conocer el modo de utilizar la buena educación en los negocios, la denominada *etiqueta empresarial*. No hay duda de que los buenos modales contribuyen al éxito en cualquier tipo de negociación.

El protocolo es una disciplina que se extiende a todos los campos de la actividad humana y, aunque el sector más conocido de aplicación es el relativo a los asuntos de Estado, su práctica en la época actual es frecuentemente requerida en entidades privadas, sin importar la índole de las mismas. Las tendencias globalizadoras en vigor y el auge del sector empresarial extienden su influencia al ámbito de las relaciones humanas, presentando características diferenciadoras que les otorgan un ritmo acelerado, y requieren comportamientos correctos que respondan a las nuevas condiciones sociales. De este modo, al emerger las empresas como actores principales de la vida cotidiana, se hace necesario personal altamente calificado en todas sus facetas de la actividad empresarial, entre las que destaca el protocolo.

Es interesante destacar que el protocolo empresarial debe ser objeto de una especial atención y, por ello, estar a cargo de personal adecuadamente formado. En toda empresa donde los directivos deseen transmitir una imagen de seriedad y de eficiencia, así como de competitividad con cualquier homólogo bien nacional o extranjero, es preciso atender a las prácticas protocolarias existentes en todos los aspectos de las relaciones humanas dentro y fuera de la empresa.

La atención al protocolo es conveniente en todos los campos de la actividad de la empresa, no obstante, se hace indispensable en los espacios destinados a los mandos altos y medios.

El protocolo es la herramienta que permite realizar la ordenación de las relaciones sociales de la empresa, empleados y directivos.

El protocolo aporta a la empresa valores básicos añadidos en los que cabe destacar seis elementos distintos:

- Imagen. El protocolo de empresa contribuye a difundir la imagen de la empresa a través de actos y apariciones públicas.
- Proyección. El protocolo ayuda a proyectar socialmente la empresa, dado que contribuye a mejorar las relaciones con los diferentes públicos.
- Comunicación. El protocolo comunica los mensajes de la empresa eficazmente.

- Procedimiento. El protocolo determina unas normas y unas técnicas organizativas, es decir, establece unos procedimientos de actuación que aporta calidad a los actos y a las relaciones.
- Rentabilidad. El protocolo de empresa es una herramienta que logra incrementar los beneficios de la organización, optimizando el resultado de cada acto social que se organice.
- Prestigio. El protocolo contribuye a la consecución de una imagen favorable de la empresa como consecuencia de una actuación protocolaria de excelencia.

1.1.2. Manual de protocolo de la empresa

Contar con un estilo personal, atender adecuadamente a los clientes, gestionar adecuadamente los detalles en las visitas a las instalaciones o prestar un servicio de calidad son algunos de los principales factores diferenciales de una empresa respecto a otra.

El protocolo de la empresa permite determinar las actuaciones a desarrollar para crear un estilo empresarial diferente que favorezca la creación de una imagen positiva de la marca en la mentalidad de los clientes que genere una fidelidad hacia la compañía, elemento clave para incrementar la competitividad empresarial.

El manual de protocolo implica la plasmación por escrito de las normas, criterios, recomendaciones y procedimientos que implicarán una mejora de las relaciones personales, tanto entre las personas integradas en la organización empresarial como con los clientes o visitantes.

Cumplir con las directrices incluidas en el manual de protocolo incrementará la rentabilidad empresarial, si bien, dicho incremento no es posible medirlo en términos precisos como puede ser la reducción de costes de producción, por lo que, en ocasiones, algunas empresas no tienen en cuenta este elemento.

En la actualidad, factores como las tecnologías de la información o las distintas técnicas de *marketing* se encuentran al alcance de cualquier empresa. Sin embargo, el estilo de gestión o la forma en la que se prestan los servicios y se atiende al cliente es un elemento clave de la personalidad de cada empresa.

Disponer de un manual de protocolo es un elemento básico para unificar los criterios de atención al cliente, de relación entre los integrantes de la empresa y de organización de los eventos, entre otros elementos.

1.1.3. Comunicación corporativa

La comunicación externa puede ser definida como la serie de actuaciones de comunicación que se dirigen a los públicos externos a una empresa, en otras palabras, tanto al gran público, de modo directo o mediante los medios de comunicación, como a sus proveedores, accionistas o a las instituciones públicas. El liderazgo correctamente ejercido requiere de una comunicación eficaz.

En el momento presente, la publicidad ya no constituye la única herramienta útil para transmitir mensajes al mercado y ha dado paso a un concepto de mayor creatividad: la comunicación integral.

La forma de implantar con éxito una política de comunicación externa en una empresa es muy variada. Se cuenta con diversas herramientas que la comunicación ofrece a la empresa y que correctamente utilizadas pueden ofrecer relevantes ventajas competitivas adaptándolas al *público objetivo* de un producto o servicio determinado: el *marketing* directo, el *marketing* relacional, las actividades de patrocinio, las relaciones públicas, el *product placement*, las ferias e internet, que ha introducido nuevos conceptos como interactividad o personalización.

Es de destacar la importancia del mensaje, fundamentalmente porque a través del mismo ha de enviarse al mercado la imagen que se desea que se tenga de la empresa. En realidad, el éxito o el fracaso de una empresa van a depender en gran medida de la imagen que la misma envíe tanto hacia el exterior como hacia el interior.

La publicidad constituye una herramienta de ayuda para transmitir esa imagen, pero resulta fundamental la puesta en marcha de un plan de comunicación que transmita esa imagen a los distintos *interesados* y que además lo efectúe de una forma creíble.

La comunicación es, actualmente, una herramienta estratégica dentro de toda empresa que desee estar adecuadamente posicionada en el mercado. Esto no significa que la comunicación constituya la clave del éxito, pero sí que forma parte integrante del mismo. A través de ella vamos a acercar al mercado la imagen que se desea transmitir de la empresa, lo que va a permitir posicionarse de un modo más competitivo.

Lógicamente, la realidad indica que posicionar una empresa o producto precisa de un análisis previo del mercado para determinar qué es lo que demandan los consumidores, seguido del lanzamiento del producto o servicio que de forma más eficiente genere la satisfacción de sus necesidades mediante los canales de distribución más rentables y, finalmente, su comercialización. Lo anterior, nada que no lleven a cabo todas las empresas. Por tanto, lo que va a otorgar la posibilidad de diferenciarse de las demás empresas será la comunicación empresarial en su sentido más extenso, dado que aportará un valor añadido facilitando la creación en el consumidor de la necesidad de adquirir el producto propio en lugar del ofrecido por la competencia.

Es básico recordar que la comunicación no ha de estar al margen de las características y objetivos que definen a la empresa; por el contrario, la comunicación corporativa tiene que responder a la estrategia empresarial. Es evidente, por tanto, la trascendencia de una adecuada estrategia de comunicación y la elección de un mensaje correcto para que la misma sea efectiva.

En todo plan de comunicación deben considerarse tres aspectos:

- *Definir la identidad corporativa.* Lo que es la empresa, sus objetivos corporativos y los principios que defiende. De ahí se derivarán los atributos de identidad que deben comunicarse al mercado.
- *La imagen percibida actualmente.* Lo que el mercado percibe hoy en día de la empresa.
- *La imagen ideal de la empresa.* La imagen que se desea transmitir a los diferentes mercados habrá de responder a un plan estratégico de imagen, en él deberán determinarse los *target* diferentes a los que dirigir las distintas acciones de comunicación, con una estrategia propia y diferenciada para cada uno de ellos.

El plan de comunicación incluye tres áreas:

- Definir los objetivos de comunicación más correctos para transformar la imagen existente de la empresa en la imagen ideal para cada uno de los públicos objetivos.
- La definición de la estrategia de medios de comunicación y de mensajes que se adapten con más precisión a alcanzar los objetivos previamente definidos.
- La definición de un calendario de actuación y la evaluación de los costes de las acciones propuestas, así como un instrumento de control para realizar un seguimiento de plan.

Esta serie de actividades las realizará la dirección de comunicación de la compañía, que es la responsable de redactar el plan estratégico de imagen. Aunque no suelen aparecer definidas con precisión sus funciones dentro de la empresa, sí parece necesario que cuente con la capacidad necesaria para traducir la estrategia global de la empresa a un esquema de imagen que haya de ser desarrollado y controlado mediante técnicas de comunicación.

Entre los instrumentos básicos que integran un plan de comunicación para mantener la imagen de una empresa se hallan las relaciones públicas y las campañas de comunicación. El primer medio indicado, que puede estar integrado en la empresa o estar externalizado, se define como la serie de acciones planificadas que tienen como objetivo crear o mantener una imagen precisa de la empresa ante el mercado. Busca crear y mantener unas relaciones sociales fluidas y dinámicas entre la empresa y los grupos sociales u organizaciones en los que se desea impactar.

A través de las relaciones públicas, la empresa busca un posicionamiento en el terreno de la imagen, persiguiendo siempre la máxima aceptación social.

Las funciones más relevantes a desarrollar por las relaciones públicas son las siguientes:

- Apoyar y reforzar la tarea de las áreas de ventas y *marketing*.
- Preparar y verificar las acciones concretas de promoción y *marketing* de los productos o servicios que desarrolla.
- Mantener un clima positivo en relación con los productos o servicios que representa, a través del contacto permanente con clientes, proveedores, agentes sociales, etc.
- Mantener un buen ambiente laboral y promover en los trabajadores el espíritu e imagen que la empresa busca emitir hacia el exterior.
- Lograr que ningún problema altere o menoscabe la imagen de la empresa en el ámbito social.

En relación con las campañas de comunicación, que igualmente pueden ser externalizadas o llevadas a cabo desde la misma empresa, hay que indicar que son el conjunto de mensajes e informes que redacta el gabinete de prensa, con la finalidad de hacerlos llegar a los diferentes medios para que estos se hagan eco del contenido de los mismos, y de esa forma generar expectativas de compra, sensibilizar a la opinión pública, transmitir datos informativos, materiales promocionales, etc.

Las funciones básicas de las relaciones con los medios de comunicación son las siguientes:

- Seleccionar y redactar de la información generada por la empresa, enviada a los medios de comunicación y, en su caso, a otras instituciones.
- Recibir y analizar la integridad de información producida por los medios de comunicación y demás instituciones en relación con la empresa.

- Filtrar y resumir la información citada para transmitirla a las áreas de dirección de la empresa y cubrir sus necesidades de información con respecto a los intereses empresariales.
- Mantener una conexión permanente entre la empresa y los medios de comunicación, facilitando la información que cada evento requiera y coordinando las entrevistas, reportajes, etc., relacionados con la empresa.
- Control permanente del clima de opinión que existe en relación con la empresa, así como de los problemas que puedan aparecer en los medios de comunicación.

Una herramienta que aparece con fuerza en el mundo empresarial es la denominada *responsabilidad social corporativa* (RSC), dado que las compañías han encontrado en la misma un medio muy eficaz para mostrar su compromiso con la sociedad y, de paso, rentabilizar la buena imagen que este tipo de actuaciones conlleva para los clientes internos y externos. Por ello, entre los objetivos de una empresa no ha de encontrarse exclusivamente la obtención de beneficios económicos, sino, además, el desarrollo de acciones que respondan a las preocupaciones presentes en la sociedad como la educación, la cultura y la protección del medio ambiente.

Adicionalmente, ha aparecido el *ethical branding*, metodología que implica a las marcas en la RSC de la empresa, mediante su asociación a una serie de valores y criterios que recuerdan los compromisos formales de la empresa en materias como el respeto a los derechos laborales de los trabajadores o el impacto medioambiental de su actividad. A través de esta creación de marcas responsables, la empresa pretende transmitir a diversos colectivos (consumidores, clientes, accionistas, trabajadores, proveedores, etc.) su implicación social y los esfuerzos que hace por reducir el impacto negativo de su actividad productiva desde el punto de vista ético.

1.2. Tipos de protocolo

El protocolo es una palabra que deriva de la palabra latina *protocollum:* 'primera hoja de un documento con los datos de su autentificación', y admite una serie de definiciones:

- Serie ordenada de escrituras matrices y otros documentos que un notario oescribano autoriza y custodia con ciertas formalidades.
- Acta o cuaderno de actas relativas a un acuerdo, conferencia o congreso diplomático.

- Secuencia detallada de un proceso de actuación científica, técnica, médica, etc.
- Conjunto de reglas que se establecen en el proceso de comunicación entre dos sistemas informáticos.

Si bien, la definición que se aplica al presente manual es la siguiente: «Conjunto de reglas establecidas por norma o por costumbre para ceremonias y actos oficiales o solemnes».

Entre los tipos de protocolo existentes cabe indicar estos:

- Oficial, regido por las normas legales y reglamentarias a que se hará referencia en los correspondientes epígrafes de este manual.
- Protocolo social.
- Protocolo académico.
- Protocolo internacional.
- Protocolo de banquetes y comidas.
- Protocolo de normas de expresión y comportamiento a través de Internet.
- Protocolo de actos deportivos.
- Protocolo de atención.
- Protocolo de seguridad.

1.2.1. Protocolo social

El protocolo social se define como la serie de normas no escritas que regulan la forma en la que se comportan las personas en los múltiples actos y situaciones presentes en la vida social.

Dichas situaciones pueden abarcar aspectos tales como los eventos familiares o las relaciones en el ámbito laboral. Las reglas que regulan estas formas de comportamiento derivan en la mayoría de las ocasiones de la tradición, la costumbre y los usos sociales. Dichas normas pueden entenderse como aceptables por la mayoría de la sociedad o bien solo por parte de ella. Por otro lado, las normas del protocolo social varían entre unos países y otros y entre las diversas culturas existentes.

1.2.2. Protocolo académico

Son numerosas las instituciones académicas que han redactado una normativa interna acerca de las normas de protocolo que han de regir sus actos. Para la elaboración de estos reglamentos, se ha tenido presente la normativa vigente en materia de precedencias, honores y ceremonial en las instituciones públicas. Principalmente, el Real Decreto 2099/1983, de 4 de agosto, por el que se aprueba el Reglamento General de Precedencias del Estado, texto básico de aplicación a los actos oficiales organizados por todas las administraciones públicas.

La regulación contenida en esta disposición es notoriamente insuficiente para atender las particularidades propias de una institución académica, así como para establecer la prelación de las autoridades que, en la práctica, acuden a los actos académicos, por lo que ha sido necesario completar su ordenación básica con otra serie de precisiones adicionales, que establezcan la prelación que las instituciones académicas aplicará entre las autoridades no contempladas por el mismo y participen en los actos académicos, ya pertenezcan o no a la comunidad académica.

El protocolo universitario se aplica en numerosos actos académicos, tales como las ceremonias de graduación.

Igualmente, las disposiciones dictadas a lo largo del siglo XIX y principios del siglo XX acerca de los símbolos, del protocolo y del ceremonial universitario, han tenido especial importancia en punto a redactar los preceptos correspondientes de este Reglamento. Cabe destacar los Reales Decretos, de 6 de marzo y 2 de octubre de 1850, sobre el traje y las insignias académicas; la Ley de Instrucción Pública, de 9 de septiembre de 1857; el Real Decreto, de 22 de mayo de 1959, por el que se aprobó el Reglamento de las Universidades; y el Real Decreto, de 10 de enero de 1931, relativo a Solemnidades de las Universidades y Actos de Estilo. Así, las normas sobre composición y uso del traje académico, o sobre el ceremonial de los actos académicos solemnes, recogidas en esas y en otras disposiciones dictadas al efecto, han sido la piedra angular de la regulación acerca de esta materia, pues fueron en efecto dichas disposiciones las que, recogiendo el uso y costumbre precedentes, elevaron a rango normativo las ancestrales tradiciones académicas que nos acompañan hasta hoy.

La legalidad de este tipo de regulación viene respaldada por la naturaleza de acto oficial de carácter especial que concede a los actos académicos el artículo 3, letra b), del Real Decreto 2099/1983, citado.

Se define como acto académico aquel que sea promovido y organizado de manera oficial por cualquier órgano del centro académico, aunque se celebre en instalaciones o dependencias externas a la institución.

Entre los preceptos que encuentran en esta regulación del protocolo académico cabe señalar los siguientes:

- El responsable de la institución asumirá la presidencia de aquellos actos académicos a los que asista, con independencia del lugar en que se celebren; cuando en representación suya acuda un miembro del Equipo de Gobierno, será este quien presida el acto.
- Los restantes actos académicos estarán presididos por la autoridad académica que los organice, salvo que por causa justificada decida ceder la presidencia a alguno de los participantes en el acto en quien concurran circunstancias acreedoras de este honor.
- Salvo excepción justificada por razones de organización, la mesa presidencial de los actos académicos tendrá un número impar de componentes, ocupando su centro la presidencia, y situando al resto de ocupantes sucesivamente a derecha e izquierda del presidente de acuerdo con su correspondiente precedencia.
- Cuando la mesa presidencial esté compuesta simultáneamente por miembros de la comunidad académica y por personas ajenas a la misma, podrá organizarse una presidencia intercalada doble, esto es, formando dos líneas distintas de precedencia a izquierda y derecha de la presidencia, ocupando una de ellas los participantes ajenos a la comunidad académica, y la otra los miembros de la comunidad académica.
- La persona que represente en su cargo a una autoridad superior a la de su propio rango no gozará de la precedencia reconocida a la autoridad que representa y ocupará el lugar que le corresponda por su propio rango, salvo que ostente expresamente la representación de Su Majestad el Rey o del presidente del Gobierno.
- Sin perjuicio de ello, las personas que asistan a los actos académicos en representación de otras instituciones académicas podrán ostentar a juicio del organizador la precedencia que se encuentre reconocida a los cargos académicos equivalentes de la comunidad académica, integrándose en el lugar reservado a la comunidad académica en el aforo del lugar de celebración del acto.

Precedencia entre cargos académicos en el ámbito universitario:

- Rector.
- Restantes miembros del Equipo de Gobierno.
- Defensor Universitario, con rango asimilado al de Vicerrector.
- Restantes cargos académicos asimilados al rango de Vicerrector.
- Decano o Director de Centro o de Colegio Universitario y cargos asimilados.
- Director de Instituto Universitario de Investigación.
- Director de Departamento y cargos asimilados.
- Vicedecano, Subdirector, y Secretario de Facultad o de Escuela Universitaria o de Colegio Universitario y cargos asimilados.
- Secretario de Departamento y cargos asimilados.

Los cargos académicos que ostenten igual nivel de precedencia conforme a lo dispuesto en el artículo anterior, se relacionan entre sí de acuerdo con su empleo y antigüedad en el mismo, entendiéndose que los cuerpos docentes universitarios ostentan precedencia sobre los restantes. No obstante, el Rector podrá adoptar criterios diferentes de prelación en lo relativo a su suplencia por un Vicerrector, o a la suplencia de los vicerrectores entre sí, de acuerdo con lo dispuesto en los Estatutos de la Universidad.

Los acuerdos de creación de cargos académicos señalarán su rango, o su asimilación a un rango.

El Presidente del Consejo Social, en tanto que máximo representante del órgano de participación de la sociedad en la Universidad, ocupará un lugar preeminente y de honor en los actos académicos organizados por la Universidad.

El Delegado del Consejo de Alumnos y Representantes de la Universidad dispondrá asimismo de un lugar destacado en las solemnidades que se celebren, en su condición de representante del conjunto de estudiantes de la Universidad.

Colores de los estudios universitarios:

- Ciencias Jurídicas: rojo.
- Humanidades: azul celeste.
- Bellas Artes: blanco.
- Ciencias: azul turquí.
- Estudios de Medicina: amarillo.
- Veterinaria: verde.

- Ciencias Económicas y Empresariales: naranja.
- Ciencias Políticas y Sociología: naranja.
- Ingeniería y Arquitectura: marrón.
- Teología: blanco
- Psicología: malva.
- Odontología: fucsia.
- Ciencias de la Información: gris.
- Ciencias de la Actividad Física y el Deporte: verde claro.

1.2.3. Protocolo internacional

Los aspectos y las características propias de una negociación internacional pueden incluir desde el intercambio de las tarjetas de visita entre los intervinientes, el uso adecuado de horarios habituales en cada país (respetando la puntualidad de acuerdo a las costumbres locales), las normas generales de cortesía, las técnicas o estrategias para el desarrollo de negociación, la comunicación verbal, las costumbres, la comunicación no verbal, el protocolo a la hora de comer, el regalo institucional o corporativo, entre otras cuestiones. Todos estos factores y costumbres culturales propias de un país son realmente importantes, dado que, cuando se emplean correctamente, beneficiarán y ayudarán a conseguir los fines empresariales y comerciales.

Sin embargo, el uso equivocado de las normas protocolarias en las relaciones internacionales de empresa o la mala gestión de equipos de trabajadores multiculturales dentro de cada organización pueden manifestar una imagen claramente negativa de la empresa, y particularmente refleja una carencia de profesionalidad, pudiendo llegar a provocar la ruptura de las relaciones comerciales, y aparecer reflejado en los resultados de la misma, en base a los malos entendidos o a previsibles y, además, evitables situaciones comprometidas.

Ha de tenerse presente que la imagen y el prestigio de las empresas se hallan expuestos permanentemente a la opinión pública, y es por ello una necesidad que el personal que integra la empresa debe de tener una formación en Protocolo, para que se logre actuar con naturalidad, profesionalidad, eficacia, agudeza y confianza en cualquier situación o circunstancia que pueda presentarse.

El desarrollo de una exitosa comunicación estratégica en el ámbito internacional y de unas relaciones empresariales multiculturales de éxito, con independencia del tamaño o actividad que desarrolle cada organización empresarial, necesita poseer un conocimiento profundo de los aspectos de protocolo de cada país y cultura que van necesariamente vinculados a ella.

Ha de conocerse, aplicar y adaptar las citadas normas de organización, ordenación y buenas maneras, a cualquier circunstancia de la actividad empresarial y social, actuando de un modo correcto sea cual sea el escenario de actuación. Desde la planificación de una reunión de negocios, a la recepción de las personas que participen en la misma, a una junta de accionistas, comidas de negocios, inauguraciones, actos de patrocinio o presentaciones de productos hasta la forma correcta de saludar de acuerdo con el lugar en el que se incluyen los miembros de la organización, contribuirán a transmitir la imagen corporativa de la empresa y a comunicar acertadamente en cualquier momento. Por ello, es de gran importancia que la comunicación sea fluida, porque sin ella, se dificulta gravemente que la negociación llegue a buen término.

El perfil ideal del empresario que desarrolla un viaje de negocios ha de reunir las características que se indican a continuación:

- Poseer una actitud abierta y contemplarse a sí mismo, como un embajador de la empresa.
- Tener flexibilidad y tolerancia respecto a las opiniones ajenas.
- Mantener una adecuada comunicación no verbal en aspectos tales como los gestos que se realizan.
- Vestirse adecuadamente a cada situación.
- Saber plantear sus requerimientos y discrepancias a la contraparte sin generar molestias personales.
- Es muy valorable demostrar a la contraparte de la negociación que se conocen sus formas de desarrollar las negociaciones y no esperar que nos informen de sus peculiaridades en ese campo.

El conocimiento de la cultura de la otra parte facilitará las claves de la forma más aconsejable de hablar, comer, vestir, negociar, saludar, gesticular, hacer regalos y recibirlos, entre otros aspectos.

Será muy difícil lograr los objetivos deseados en otro país si incumplimos las normas habituales en el mismo. Por eso, cuanto más nos documentemos sobre el país anfitrión o invitado, más exitosa será nuestra participación.

Esto mostrará que se ha tenido un respeto y un interés, no solo en lo referido a conocer el idioma, sino teniendo una cultura general acerca del lugar al que se ha acudido, o del que proceden los invitados, sin emitir, evidentemente, juicios de valor acerca de su política o religión.

Al viajar al extranjero para hacer negociaciones comerciales, sea cual sea el país al que se acuda, se habrán de respetar las costumbres existentes en relación a materias tales como comidas, vacaciones, religión y política de las empresas que sean visitadas, evitando efectuar comparaciones con el país propio.

Por lo que hace referencia a la vestimenta con la que se debe viajar, un criterio de prudencia será el mejor consejero. Vistiendo ropa neutra y que sean de uso general a todos los países, evitando modas que en el país propio pueden ser de uso habitual, mientras que en el país a donde se realiza el viaje puedan resultar inadecuadas.

Debe evitarse realizar gestos desafortunados que pueden interpretarse incorrectamente y estropear todo el trabajo que se ha llevado a cabo hasta ese momento, riesgo que es más frecuente en países que resulten muy diferentes culturalmente.

Por esa razón, resulta de vital importancia conocer los datos básicos del país que vamos a visitar:

- Datos generales: población, forma de estado, divisa, idioma oficial y de negocios, religión, principales ciudades.
- Entorno de negocios: descripción de la situación económica y empresarial.
- Estrategias de negociación: estilo de negociación, pautas de negociación y escucha, negociación de acuerdos comerciales.
- Normas protocolarias: criterios no escritos sobre los comportamientos a seguir en una multitud de circunstancias.

1.2.4. Protocolo de banquetes y comidas

En la organización del banquete ha de tenerse presente si se trata de un almuerzo o de una cena, y de si habrá aperitivo, música, baile o algún tipo de espectáculo. Respecto al menú, será más ligero para las cenas que para el almuerzo, teniendo mucha relevancia la elección de vinos.

La tarjeta de invitación habrá de ser sobria y elegante, atendiéndose hasta el más reducido detalle (cartulina, tipografía...).

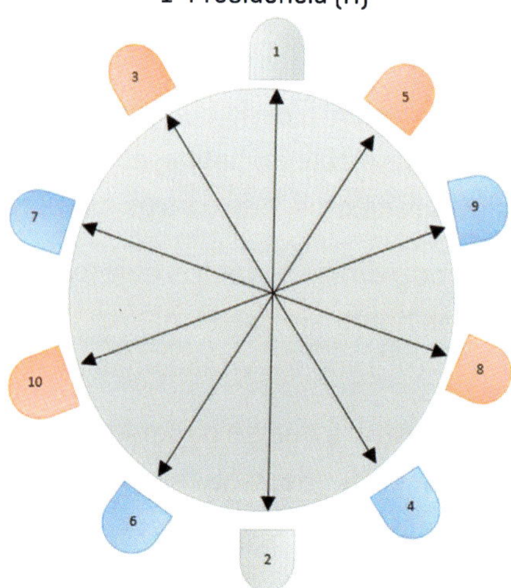

Sistema Cartesiano en mesa.

En la celebración de los banquetes pueden usarse diferentes configuraciones de mesas. En el denominado *sistema Imperial,* tras haber determinado los puestos de acuerdo al criterio a seguir, los demás comensales se sentarán alternativamente a derecha e izquierda de ambas presidencias si la precedencia se realiza según el sistema cartesiano, o bien puede emplearse el sistema de las agujas del reloj.

Tras haber sido numerados los puestos, se facilitará la localización en la mesa mediante el plano que estará a disposición de los invitados y en el que se señala el puesto a ocupar en la mesa. Los puestos a ocupar en la mesa se indican con una tarjeta que indica el cargo, nombre, o ambas cosas a la vez.

Colocación habitual de los cubiertos en una comida formal.

La mesa merece un tratamiento especial para que su presentación esté en correspondencia con la categoría y rango de la persona homenajeada: se le ofrece el banquete, adornándose, por ejemplo, con candelabros en el caso de una cena (tomando en cuenta que no molesten excesivamente la vista de los comensales que se encuentran frente a frente). A lo largo de la mesa se situarán centros de flores naturales y de variados tipos y los manteles serán blancos por la noche empleándose tonos más suaves en el caso de los almuerzos.

La disposición de los cubiertos se realiza, con carácter general, situando el tenedor a la izquierda, cuchara y cuchillo a la derecha y los cubiertos de postre delante de la vajilla.

La cristalería se sitúa enfrente y al centro del cubierto: una copa para el vino tinto, una para el vino blanco, otra de tamaño mayor para el agua, otra plana o alargada para el cava y, finalmente, la de licor. Se situarán de tal forma que la más alta se encuentre a la izquierda de la más baja.

La organización protocolaria de una comida implica un trabajo complejo y minucioso. El responsable de protocolo habrá de precisar todos los mínimos detalles: correcta y ordenada presentación de la mesa o mesas, instalar adornos en el local destinado a comedor (flores, candelabros). Habrá de cuidarse el aspecto del guardarropa, la zona de acceso al comedor, el servicio, el personal, etc.

En la organización de este tipo de eventos se contará con una relación de invitados a los que habrá de remitirse la correspondiente invitación una antelación de ocho o diez días respecto a la fecha indicada para la realización del acto, detallando el motivo, lugar, día y hora en que tendrá lugar, así como la etiqueta precisa, indicando además que confirmen su asistencia.

La comunicación del invitado, indicando su asistencia o no al evento, es un medio de cortesía necesario que nadie debe omitir. El invitado habrá de contestar en el plazo más breve posible para agilizar las tareas de organización protocolaria y montaje material de las mesas.

El responsable de Protocolo, con sus colaboradores, recibirá a los invitados en un salón contiguo al comedor para reunirlos y esperar la llegada de los anfitriones o del invitado de honor.

Llegados los anfitriones, se espera a que hagan acto de presencia los invitados de honor, en el caso de que se prevea su asistencia, y juntos pasarán al lugar de celebración para tomar un aperitivo.

El anfitrión procederá a presentar al invitado de honor al resto de comensales. La entrada en el comedor la realizarán en primer lugar los invitados y posteriormente los anfitriones e invitados de honor.

La comida comenzará una vez que todos se encuentren sentados en su sitio. Una vez concluida la comida, el anfitrión, junto con el invitado de honor, abandonará el salón-comedor y, con posterioridad, lo harán los demás invitados.

Para los brindis existe la tradición de realizarlos tras la comida, si bien en la actualidad hay ocasiones donde se hacen antes. El anfitrión pronuncia un breve discurso de bienvenida, o simplemente unas palabras hacia el homenajeado que finalizará con un brindis.

El homenajeado responderá al anfitrión con unas palabras de agradecimiento, finalizando con otro brindis.

El café puede servirse, bien sentados a la mesa, o en otro salón si se halla disponible, así se dispondrá un tiempo de charla entre los asistentes.

- Mesas y su configuración. Forma de la mesa.

  En términos geométricos, las mesas tener las siguientes formas: rectangular, parabólica, circular o cuadrada.

  — Mesa rectangular. Es la más empleada, pues ofrece una clara definición de las presidencias.

— Mesa parabólica. Es una modificación de la anterior, con terminación semicircular u oval de los extremos o puntas.

— Mesa redonda. Empleada en pequeñas comidas y banquetes, dado que por su propia forma no permite grandes dimensiones.

— Mesa cuadrada. La menos utilizada, excepto, evidentemente, en restaurantes. Su empleo queda restringido a comidas muy íntimas de cuatro u ocho personas.

Existen dos formas de colocación de las presidencias:

— Sistema francés, con las presidencias situadas en el centro de la mesa.

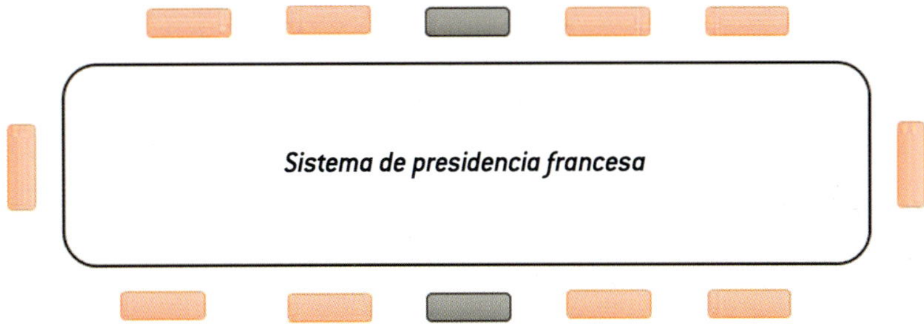

— Sistema inglés, con las presidencias localizadas en las puntas de la mesa.

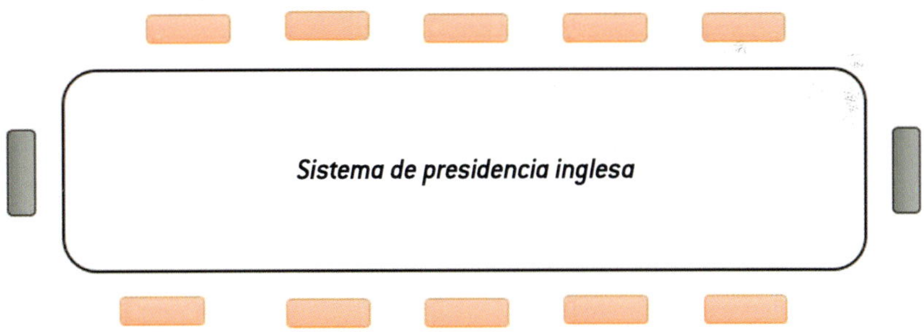

- Menú.

  El listado del menú habrá de presentarse en forma sobria y elegante, teniendo presente hasta el más mínimo detalle, tanto en el papel, en la tipografía, el color, etc. A ser posible, debería ser redactado en sus detalles por el chef.

  Se recomienda diseñar un menú balanceado y liviano, que habrá de contar en su orden tradicional con entrada suave, sopa o crema, pescado, plato principal, para terminar con postre.

1.2.5. Protocolo de normas de expresión y comportamiento a través de Internet

Las denominadas normas de etiqueta pueden compararse con las normas de urbanidad de los internautas, dicho de otro modo, serían las normas deben tenerse presente para tener un comportamiento educado en la red.

Las citadas normas pueden resumirse en diversos grupos que se exponen a continuación.

- General:
  - Trate a los demás internautas del mismo modo en que le gustaría ser tratado. Participar en todo momento con educación. Las faltas de respeto reiteradas pueden ser causa de expulsión de grupos o foros.
  - Ha de recordarse que en el lenguaje escrito no es posible aplicar entonación, por ello las frases escuetas pueden dar lugar a malas interpretaciones. Por ejemplo, si en el lenguaje oral se utilizase cierto tono de complicidad o ironía, puede *imitarlo* empleando emoticonos.
  - Tener paciencia siempre, especialmente con los principiantes y los que cometen algún error, dado que en cualquier momento lo podría cometer cualquier persona.
  - Las actitudes recriminatorias no suelen aceptarse bien, especialmente si se expresan en público. Siempre es mejor admitida y se hace más caso a una indicación expresada de forma correcta y con un tono moderado. Contra las ofensas o los intentos de provocación la medida más eficaz resulta ser la indiferencia. Los enfrentamientos personales no ofrecen resultados positivos, especialmente delante de otras personas a las que generalmente no les interesa y les genera mal efecto. Especialmente el sarcasmo o desprecio hacia otros debido a errores ortográficos o gramaticales resulta poco ético, considerando que estos errores se deben generalmente al apresuramiento al escribir.
  - Cuando se redacte un mensaje ha de releerse antes de enviarlo y preguntarse cuál sería la reacción si lo recibiésemos. Cualquier tiempo invertido en hacer más clara la forma en que nos comunicamos en Internet es tiempo bien utilizado.
  - Cuidar las reglas de ortografía.
  - Evitar escribir en mayúsculas. En Internet se considera equivalente a gritar (a nadie le agrada ser considerado un mal educado por hablar a voces) y adicionalmente dificulta la lectura. Escribir la integridad del

mensaje en mayúsculas lo hace extremadamente difícil de leer (aunque una pequeña parte del mensaje en mayúsculas podría tener utilidad para enfatizar un punto).

- Evitar la utilización de palabras consideradas argot o de letras pos sonidos (K en vez de Q) o expresiones malsonantes. Igualmente se evitará el uso de abreviaturas poco conocidas.
- En el caso de que se usen frases coloquiales que no sean totalmente correctas, se incluirá empleando comillas.

Internet es un medio en el que las reglas de protocolo son de aplicación, con las adaptaciones necesarias a su naturaleza.

- Foros y correo:
  - Antes de enviar un mensaje, ha de tenerse presente quién lo ha de recibir. Si la información es relevante para todas las personas del grupo, deberá enviarse un mensaje al foro. En el caso de que únicamente interese a un destinatario concreto o a pocas personas, es más adecuado enviarles un correo personal.
  - Es muy importante que envíe su mensaje al foro correcto según su tema. Esto hará que la información relacionada se almacene junta y permita su rápida localización. Además, puesto que algunos foros son *privados* esto es, sólo los miembros del mismo pueden ver sus mensajes, podría ser bochornoso si un mensaje dirigido a determinadas personas termina exponiéndose en un foro público.

— Asegurarse de que el asunto del mensaje describa de forma real el contenido y ser breve. Así puede conocerse de qué trata el mensaje antes de abrirlo por si merece la pena o no leerlo y localizarlo con rapidez posteriormente.

— Intentar que el mensaje sea lo más breve posible, aunque sin afectar con ello a su comprensión.

— Evitar un uso excesivo de los colores en el texto del mensaje. Si se desea destacar algún sector del texto puede emplearse negrita, cursiva, comillas, etc. Debe recordarse que el subrayado puede dar lugar a pensar que se trata de un enlace.

— Cuidar el formato de su mensaje. Utilizar doble espacio entre los distintos párrafos facilita que el mensaje sea más sencillo de leer. Si todos los párrafos se presentan seguidos, o se trata de un único párrafo demasiado largo, hace que el mensaje parezca una sola idea interminable y dificulta su lectura.

— Si contesta a un mensaje y se cambia el tema debe cambiarse igualmente la línea de asunto o, más adecuadamente, empezar con un nuevo mensaje.

— Si se cita parte del mensaje al que se responde, facilitará al receptor la comprensión de la contestación, pero ha de borrarse la información que no tenga interés para evitar perder tiempo leyendo algo innecesario.

— No enviar comentarios innecesarios. Opiniones del estilo de *estoy de acuerdo con el comentario de esta persona*, sin efectuar un aporte propio, únicamente generan pérdida de tiempo y dificultan la localización de mensajes más relevantes.

— Evitar volver a preguntar algo que ya se ha tratado. Antes de preguntar acerca de un tema debe comprobarse que no haya sido contestado previamente. En caso contrario, se multiplicará el número de mensajes a leer y dificultará la localización de la información.

— Incorporar suficiente información cuando se envíe una pregunta. Por ejemplo, enviar un mensaje que diga ¿dónde está mi documento? no sería de ninguna ayuda al receptor. En este caso sería adecuado enviar su identidad o cualquier otro detalle que permita su identificación.

— No esperar recibir una respuesta de forma inmediata. Si no se recibe una respuesta en diez minutos, no significa que le estén ignorando y no es una razón para ofenderse. Aunque se respondan personalmente los mensajes instantáneamente, ha de recordarse que algunas personas recibentalnivel de correspondencia diaria que en ocasiones no pueden responder todo el mismo día. Igualmente es posible que para darle una respuesta fiable sea preciso investigar sobre lo que ha preguntado.

— Si la importancia del mensaje así lo justifica, aunque no sea posible ofrecer una respuesta extensa en ese momento, es aconsejable responder rápidamente al remitente para transmitir que se ha leído el mensaje, aunque se le responda posteriormente.

— No enviar saludos a todos los participantes en los foros salvo que se sugiera hacerlo (excepto si se es moderador y da a los participantes la bienvenida al curso, cosa que es recomendable). Hay que tener presente que determinados foros pueden estar compuestos por miles de personas: si cada uno mandara un mensaje habría un gran número de ellos en los foros y harían muy complicada su gestión.

— Se considera una norma de cortesía anunciar en el cuerpo del mensaje la inclusión de un archivo adjunto, de otra manera podría pensarse que es un virus y ser borrado antes de leerlo.

— Se evitará adjuntar un archivo con un formato poco habitual. En el supuesto de que la mayoría de los destinatarios no disponga del programa que lo abre, sería adecuado alguna dirección dónde poder descargar el programa correspondiente.

- Charla (chat):

— Al entrar, enviar un saludo escueto y correcto y considerarse saludado por todos cuando el moderador responda al saludo.

— Esperar unos momentos hasta analizar qué se está abordando en la charla, antes de intervenir.

— Al salir, enviar una despedida corta y correcta, sin esperar nada más que una despedida por parte del moderador.

— Cuando un participante deje una frase en suspenso implicará que se está editando otra línea, por ello se recomienda no cortarle empleando una nueva frase o pregunta.

— No realizar *inundaciones* de texto, escribiendo mensajes excesivamente largos, ni repitiendo la misma frase.

— Si se desea comunicar un mensaje a una persona determinada, se conectará con él mediante mensaje privado. No se enviarán mensajes privados si se comprueba que el destinatario se encuentra muy atento al desarrollo de la charla, salvo que su mensaje sea claramente importante para él.

1.2.6. Protocolo de actos deportivos

Es conocido por todos que a lo largo del tiempo la sociedad en general ha contado con unas normas de comportamiento y actuación, las cuales, en función del entorno social o de la institución, pueden diferir, pudiendo ser más o menos complejas. Ello implica la necesidad de adaptar comportamientos en las relaciones humanas en todo el abanico social, por eso se creó el protocolo.

Respetando las peculiaridades de cada evento, habrán de ajustarse a las normas del protocolo deportivo, primero el protocolo general, posteriormente el del deporte, especialidad o federación concreta, aplicando el protocolo oficial en sus múltiples especialidades (deportivo, local, nacional, internacional hasta conseguir una conjunción armónica de los mismos).

El protocolo es una disciplina que ha de hallarse presente en toda instalación o espacios deportivos, dado que en los mismos se crean o desarrollan eventos deportivos e incluso, muchas veces, de otro tipo, debe tenerse presente que han de combinarse diferentes protocolos por lo que el conocimiento básico de estos es necesario: protocolo deportivo, oficial, empresa, etc.

De este modo será posible alcanzar con éxito la culminación de un acto o evento y, de forma simultánea, transmitir una imagen positiva de la instalación o institución. Toda institución, con independencia de que sea pública o privada habrá de tener un manual de protocolo interno donde se especifiquen las maneras de actuación en cada momento y se unifiquen los criterios que deberán seguirse tanto en las actividades diarias como en la ejecución y desarrollo de un evento.

Ha de recordarse que, actualmente, el protocolo es una herramienta obligada en la sociedad y especialmente en la organización de eventos de toda índole y no obviemos que a su vez el responsable de protocolo (jefe, director...) deberá ser un líder con la capacidad de dirigir, organizar, decidir y mandar, tarea individual que se enriquece con el diálogo. El responsable del protocolo (líder), marca diferencias al recordar a los otros que es lo importante, debe ser un profesional de equipo (*team work*), conocer el medio en el que se va a desarrollar el evento o actividad.

La sociedad se encuentra en una constante evolución, que extiende sus efectos al mundo de la dirección y organización de empresas e instituciones en términos generales y del deporte en particular.

El mundo deportivo se encuentra repleto de supuestos protocolarios. Cada uno de los partidos, la inauguración de unas instalaciones, certámenes, jornadas, es un acontecimiento, es decir, un acto de comunicación mediante el que se debe buscar una presencia en los medios de comunicación.

Esto implica que cuanto mejor esté organizado el evento; esto es, controlada la presencia de los invitados VIP (autoridades públicas, deportivas, patrocinadores, invitados de honor), determinadas las precedencias (orden protocolario de autoridades), realizada la planificación y coordinación de cada uno de los actos que implica el conjunto del evento, diseñando los accesos de entrada, vías de salida, aparcamientos, recorridos, etc., habrá mayores posibilidades de lograr que el acto constituya un éxito.

El protocolo deportivo precisa de una reglamentación específica que realmente no existe. La extensa gama de disciplinas deportivas existentes resalta la necesidad de un ordenamiento general y tantos específicos como disciplinas se practican. Sin embargo, la realidad es que no existe un manual general al que acudir y ayude al organizador a salir de situaciones difíciles.

Es de destacar que la norma de protocolo oficial vigente, regulada fundamentalmente en el Real Decreto 2099/1983, es de aplicación exclusiva dentro del ámbito de las administraciones públicas. Lo mismo sucede con la restante normativa que sobre protocolo haya sido aprobada por otras instituciones públicas dentro del ámbito de su competencia.

Es evidente que la presencia de autoridades políticas en eventos deportivos es pública y notoria. Por ello, estar bien informados acerca de las precedencias establecidas, bien por norma escrita, bien por usos y costumbres, que oficialmente se aplican en el lugar donde se va a celebrar el evento, evitará una larga serie de problemas. Ahora bien, habrá de tenerse presente que en la persona anfitriona de un evento recae la responsabilidad de establecer el criterio de jerarquía.

El deporte, en sus múltiples modalidades, ha recibido en las últimas décadas un impulso muy relevante, en gran parte debido a que la transmisión televisiva permite, a millones de espectadores, disfrutar de cualquier evento deportivo por lejos que se halle el lugar donde se celebre.

Por ello, los organizadores han de realizar un esfuerzo importante para que el acto se celebre con orden y brillantez, especialmente las ceremonias protocolarias vinculadas con las personas –deportistas, autoridades públicas o privadas, etc.– que participan y con los símbolos que se emplean.

Pero siempre habrá de tenerse presente la repercusión del evento para determinar el diseño del mismo y ajustarlo a su notoriedad. El acontecimiento deportivo más relevante son los Juegos Olímpicos. El hecho de afrontar con ilusión y dedicación la organización de cada uno de los actos es importante, pero debe dimensionarse adecuadamente la repercusión del mismo. Tan negativo es no organizar el acto como intentar realizarlo como si cada evento se tratase de una competición de nivel internacional.

1.2.7. Protocolo de atención

En el área de atención al cliente, el proceso de empatía tiene dos fases:

La primera consiste en reconocer el estado de ánimo del cliente. Esto implica llegar a determinar cuál es la emoción principal que existe en él. Puede ser frustración, preocupación, miedo, enfado, felicidad, satisfacción, orgullo, etc.

Para conseguir este objetivo, el trabajador en contacto con el cliente deberá plantearse a sí mismo: *qué estará ocurriendo en la mente de este cliente* o *por qué razón se comporta así*.

Reconociendo este estado de ánimo, se está en camino para la segunda parte del proceso de la empatía.

Un ejemplo muy claro sería el de un empleado de un restaurante que se encuentra con que unos clientes que habían reservado mesa a una determinada hora, aparecen una hora más tarde a causa de un problema con su vehículo. El carácter de los clientes reflejaba enfado y no eran amables con el empleado. Un uso de la empatía le hace entender que el motivo de ese mal carácter no era motivado por su actuación, ni por ningún problema con el restaurante, sino por el problema de transporte que habían sufrido y que les había retrasado toda su agenda para ese día.

El empleado, actuando con la máxima cordialidad, les aseguraría hacer todo lo posible para que la comida les sea servida en el plazo más breve posible para intentar ayudarles a recuperar parte del tiempo perdido esa mañana.

Otro ejemplo sería el del cliente que acude a una oficina a realizar un trámite muy sencillo en realidad, pero que, para él, por sus circunstancias personales, resulta muy complejo. La actitud de *miedo ante la burocracia* del cliente ha de ser percibida por el personal de contacto de la empresa y debe ayudársele y mostrar la máxima amabilidad para que el cliente no vea reforzada esa sensación de verse superado por la burocracia o por la tecnología. Sería el supuesto, en el caso de la tecnología, de hoteles en los que cuestiones como la regulación de la temperatura de la habitación se efectúa mediante sistemas digitales por parte del cliente, pero algunas personas sin experiencia en el manejo de dichos sistemas pueden precisar ayuda y la misma debe ser prestada con toda cordialidad, siendo un modo de practicar la empatía.

La segunda fase de la empatía se refiere a los modos concretos en que se muestra la empatía a los clientes, las formas en las que la misma se hace visible. Son muy variadas, pero cabe destacar las siguientes:

- Conexión visual: se trata de dejar de hacer por un momento lo que se está realizando y mirar al cliente de forma que sienta que el empleado ha notado su presencia. Puede que en ese preciso instante el empleado esté atendiendo una llamada de teléfono y no pueda atender al cliente que se encuentra físicamente enfrente de él, pero esa conexión personal es una muestra de amabilidad y empatía muy sencilla de mostrar.

- Adaptación al nivel del cliente: consiste en modular el estado de ánimo de acuerdo al del cliente. No se trata de actuar de forma clónica al mismo, pero sí de entender que si el cliente viene con un estado de ánimo bajo a causa de un problema, no procede minusvalorar el mismo y mostrar las bondades de todos los nuevos productos de la entidad como si al cliente no le ocurriese nada, sino comprenderle, empatizar y luego realizar la labor comercial o de gestión que proceda.
- Frases de conexión: supone la utilización de frases que le envíen una señal al cliente que el empleado de encuentra en el mismo canal que él. Como ejemplos, pueden señalarse las siguientes: le comprendo, entiendo bien su situación, si me encontrase en su caso, estaría igual de molesto que usted , lamento sinceramente como le han tratado, vamos a buscar una solución a este problema, nuestro compromiso es ayudarle a solucionar esta situación, etc.
- Lenguaje corporal: hace referencia a que la persona que está atendiendo al cliente tiene la precaución de expresar con su cuerpo lo que interpreta que el cliente está sintiendo en ese momento. Sería el caso de estar escuchando un problema del cliente, por lo que el trabajador modifica la expresión de su rostro y pasa de una sonrisa a una cara más formal y seria, o bien evita permanecer sentado en un modo que se puede suponer que está excesivamente relajado y sin ganas de prestar atención.

1.2.8. Protocolo de seguridad

La seguridad y el protocolo es un binomio que se encuentra presente muy frecuentemente por las siguientes razones:

- Las características propias de las autoridades públicas y las personalidades del ámbito privado requieren la adopción de medidas de seguridad.
- El interés de diversas personas y colectivos para realizar reivindicaciones o expresar descontentos, empleando el acto como altavoz de sus opiniones.
- Seguridad funcional o estructural del evento, que requiere la prevención de las contingencias que puedan ocurrir: funcionales o emergencias.

La planificación de las acciones de protección tiene por objetivo alcanzar la seguridad integrada. Esta se consigue formulando hipótesis acerca de los hechos que puedan acontecer para detectar y controlar riesgos y prevenirlos.

Es adecuado practicar con frecuencia este tipo de acciones mediante la realización de simulacros de evacuación y rescate, debiendo mantener en alerta, a disposición del centro de control, la integridad de los servicios de seguridad vinculados con el evento.

Cuando el evento se encuentra programado y comienza el montaje del escenario, es obligado el control y la supervisión de la totalidad de las actividades.

Se aconseja que días antes del acto de que se trate se lleve a cabo un *test de seguridad*.

Mientras el acto se esté llevando a cabo, todos los servicios se encontrarán activados.

El documento base, que aporta el conocimiento de la misión y las responsabilidades de la totalidad del personal de apoyo, será el denominado *cronograma*. El cronograma indica la secuencia cronológica de cada una de las acciones a desarrollar y a quién corresponde la responsabilidad de su adecuado desarrollo.

El plan de seguridad queda determinado según la evaluación de los riesgos a los tres grupos de acción establecidos: seguridad de las personas asistentes, evitar incidentes y fallos funcionales.

Un principio básico es que la seguridad consiste en impedir que nada dependa de la buena o mala suerte, para lo que la coordinación y colaboración de todos los servicios resulta primordial.

Para conseguir lo previamente indicado, es precisa la colaboración entre los profesionales de protocolo y seguridad y que ambos determinen los criterios que faciliten la máxima brillantez sin menoscabo de la seguridad.

El protocolo, en el momento presente, cumple dos funciones básicas: organización y comunicación.

El éxito en la organización de un evento se logra con:

- Respetar las normas, reglas y costumbres.
- Poner a punto una adecuada logística.
- Implementar un dispositivo de seguridad.

Estos tres elementos (normas, logística y seguridad) se relacionan con tres cualidades: orden, eficacia y estética. Con lo que se consigue la otra función del protocolo: transmitir una imagen positiva de las instituciones, corporaciones u organizaciones que tomen parte en el evento.

El protocolo, considerado como técnica rectora de los eventos, ha de buscar la eficacia expresiva, que consiga hacer realidad, desde el punto de vista de la comunicación, el orden y la estética.

Por lo tanto, orden, eficacia y estética toman la condición de objetivos principales en el desarrollo de los eventos:

- Orden: se intentará que no se rompa en ningún momento por circunstancias que sean ajenas al servicio de protocolo. Con este objetivo, la seguridad tiene una gran tarea a realizar en la fase previa a la realización de un evento. La base de todo dispositivo de seguridad se encuentra en la disuasión y la prevención.
- Eficacia: se consigue a través de la colaboración y coordinación entre protocolo y seguridad. Nada debe quedar al azar, aunque se tengan previstas soluciones flexibles para responder a las necesidades presentes.

  Esta tarea, fundamentalmente, corresponde a la seguridad, aunque algunos aspectos se incluyen en el ámbito de protocolo, como:

  — Medidas preventivas en relación con contingencias funcionales (incendios, medios técnicos, falsas alarmas, etc.).

  — Instalar servicios de atenciones médicas para casos de emergencia.

  — Asegurar la eficaz evacuación del edificio.

  — Detectar y evitar la intrusión en el edificio o lugar de celebración de personas no deseables.
- Estética: por lo que a la seguridad, se consigue intentando que la presencia de los integrantes del equipo de seguridad se percibe lo menos posible.

  En ocasiones, este objetivo es difícil de alcanzar, dado que el orden y la seguridad son básicos y habrá que disponer de la presencia de agentes visibles para el público para garantizarlos.

  Los principios básicos esenciales son:

  — Intentar que las medidas preventivas resulten disuasorias, dado que la seguridad total no existe.

  — Determinar las posibles vulnerabilidades presentes.

  — Redactar un buen diseño del acontecimiento (lo que produce una reducción de los riesgos).

  — Que no existen diferencias entre los responsables de los diversos servicios.

Las acciones del personal de seguridad deben tener como criterio:

- Ofrecer protección sin distanciarse. Ello implica transmitir la imagen de que la personalidad cuenta con libertad de movimientos. El espacio de seguridad deberá ser suficiente para que las personalidades puedan desplazarse de forma cómoda incluso en los casos en los que se lleve a cabo la ruptura del protocolo, momentos en los cuales estos se acercan al público para saludarlo.

- Prestar seguridad con discreción. Supone que no sea notoria la presencia del personal de seguridad.

El dispositivo de seguridad, con personas muy preparadas y una logística adecuada, estará presente en una serie de momentos, además del propio acto en sí mismo:

- En los desplazamientos (conexión con el centro de control).
- Continuidad entre los vehículos, empleo de inhibidores de ondas, recurso a los vehículos blindados.
- Enlace entre escoltas y demás personal de seguridad.
- En el control de accesos procediendo a identificar a las personas asistentes.

Todo plan de accesos precisa del análisis y de la evaluación de riesgos y amenazas, por lo cual la logística de seguridad ha de encargarse de:

- Determinar el sistema de control e identificación de personas, vehículos y objetos.
- Indicar las medidas de seguridad de la documentación empleada para poder acceder al evento, para evitar falsificaciones de las acreditaciones o invitaciones empleadas.
- Instalar sistemas de alarmas y de respuesta ante intrusos.
- Instalar una consigna para material y objetos que no hayan de ser introducidos en el lugar donde se celebra el evento (por ejemplo, los periodistas no suelen acceder a los cócteles con equipos de grabación).

En eventos con presencia masiva de invitados son básicos los controles de acceso precisos para evitar las filas interminables de invitados, que afectan de modo relevante a la estética del acto, al desarrollo secuencial y al orden, generando numerosas protestas y reclamaciones.

Es preciso efectuar una reunión de seguridad previa a la celebración del evento, en la que los responsables de protocolo transmitirán, entre otros, los siguientes temas:

- Detalles de protocolo, estructura y diseño del escenario.
- Situación de autoridades o personalidades.

- Características del equipo de seguridad de la organización.
- Controles de acceso al acto.
- Aparcamiento de los vehículos.
- Situación de los conductores.
- Normas de seguridad relativas al modelo de acreditaciones.
- Relación de invitados.
- Relación de periodistas acreditados por cada medio.
- Listado de personal de servicio de apoyo que son contratados para el evento.
- Establecimiento de áreas que se encuentran restringidas al movimiento de ciertas personas o servicios.
- Determinar una zona para la seguridad.

1.3. Habilidades sociales y relaciones interpersonales

Las habilidades de relación interpersonal son un repertorio de comportamientos que adquiere una persona para interactuar y relacionarse con sus iguales y con los adultos de forma efectiva y mutuamente satisfactoria.

1.3.1. Normas de comportamiento y educación social

La cortesía es un elemento fundamental de la relación que debe producirse entre los clientes o asistentes y el personal de organización de un evento. Para que el cliente perciba que la cortesía preside la atención recibida por parte del personal de contacto de la empresa han de seguirse una serie de normas de comportamiento, entre las que cabe destacar las siguientes:

- Saludar al cliente en el momento de su llegada al comercio.
- Sonreír al mismo de forma natural.
- En caso de no poder atenderle de forma inmediata, hacerle saber mediante gestos o palabras que su presencia en el lugar ha sido conocida.
- Evitar mantener conversaciones personales con otros trabajadores o clientes mientras existan personas esperando para ser atendidos.
- No mantener enfrentamientos, recriminaciones o discrepancias con otros trabajadores en presencia de los asistentes al acto.
- Tratar de forma adecuada a todo tipo de asistentes, con independencia de sus circunstancias personales tales como edad, indumentaria, etc.

- Estar a disposición de los asistentes, pero sin que ello suponga una invasión de su espacio personal.
- Tener presente el nombre del asistente (si se conoce el mismo), pero sin llegar a repetirlo de forma excesiva, que supone artificialidad.
- Ayudar a las personas que cuenten con limitaciones en su movilidad tales como ancianos, discapacitados, sillas de bebés, etc.
- Despedirse del asistente cuando abandone el acto.
- Emplear un tono de voz adecuado en todo momento, con independencia de las situaciones que existan en la actividad social tales como críticas, quejas o reclamaciones.

La cortesía es un factor de éxito del cualquier evento.

1.3.2. Relaciones personales y relaciones de grupo: similitudes y diferencias

Sin entrar a detallar las diversas posibilidades de análisis de la teoría de grupos, se señalarán algunos aspectos básicos que permitan situar el marco conceptual existente al estudiar las relaciones grupales. Puede definirse un grupo como una pluralidad de personas interrelacionadas por desempeñar cada una un rol concreto, que se define en base a unos objetivos comunes, compartidos en mayor o menor medida, y que interactúan de acuerdo a una serie de pautas establecida.

Esta definición del grupo, claramente formal, elimina las condiciones psicosociales que algunos autores señalan como fundamentales, como es, por ejemplo, el sentimiento suprapersonal de pertenencia de acuerdo al concepto de nosotros. Sin embargo, más allá de la definición, se contempla esta condición cuando se indican una serie de requisitos para que se pueda considerar a un grupo como tal, requisitos presentes desde dos diferentes puntos de vista: los relativos a las características de cada miembro del grupo y los que han de ser cumplidos por grupo en sí mismo:

- Condiciones de los miembros, cada persona integrante de un grupo ha de:
  - Contar con una característica común con los demás miembros (proximidad, características físicas, psíquicas o sociales, valores o intereses compartidos, etc.).
  - Desarrollar un rol concreto dentro del grupo, que se encuentra interrelacionado con los demás roles existentes.
  - Tener un determinado estatus dentro del grupo, derivado del rol que ejerce, en base a las jerarquías y preferencias establecidas en el grupo.
  - Actuar para lograr unos objetivos comunes, afectivos o utilitarios.
  - Reglamentar sus acciones en base a un sistema común de pautas, normativas o modelos, de comportamiento.
  - Contar con una conciencia de pertenencia al grupo, como unidad más allá de uno mismo y, especialmente, ser reconocido como tal por los demás integrantes del grupo de modo expreso o tácito.
- Condiciones de los grupos:
  - Contar con una o varias finalidades específicas, que se expresan en las consecuencias objetivas de la actividad del grupo.
  - Disponer de una estructura definida, que se deriva tanto de las relaciones dentro del grupo como de las intergrupales.
  - Contar con una organización, más o menos formalizada, tanto en lo relativo a las acciones como en las pautas de comportamiento, que otorgan coherencia a los procesos desarrollados dentro del grupo.
  - Tener una cierta permanencia temporal, de acuerdo con los objetivos.
  - Dotar a los integrantes de una determinada integración o cohesión recíproca.
  - Ser reconocido como grupo por otros grupos.

Existen diferentes tipos de grupos. Nos centraremos en los grupos primarios, esto es, grupos socializadores de primer nivel basados en la afectividad entre sus integrantes. Este tipo de grupos, generalmente compuestos por un número reducido de personas, se organizan de manera espontánea, pueden llegar a intimar, tienden a mantenerse y están caracterizados tanto por la cooperación cara a cara como por la simpatía y la identificación entre sus integrantes. Se ha analizado la relevante labor de los grupos primarios como agentes de socialización, en la determinación de las identidades sociales, valores y actitudes de cada uno de los individuos, a pesar de la cada vez más importante tarea de socialización que es llevada a cabo por los grupos secundarios y en todo caso los grupos de referencia, más allá del ámbito directo en que se desenvuelve la afectividad de las personas.

Compartir intereses comunes es un elemento fundamental
para la cohesión de un grupo de personas.

Cuestión diferente es el hecho de que los grupos primarios interactúen con diferentes grupos sociales (entre ellos los de referencia, sean mediáticos o de cualquier otro tipo) generando procesos de consolidación en el asentamiento de normas de comportamiento o valorativas ajenas a ellos mismos, ya que en la medida en que las tengan presentes, los grupos primarios deben ser más capaces de facilitar dicha asimilación según sus características propias, concretamente por la confiabilidad, intimidad y capacidad de comunicación internas.

Una de las características básicas de los grupos pequeños y de los grupos primarios es la capacidad de interaccionar de modo directo entre todos los miembros de modo reconocible y compartido, lo que resulta imposible en las grandes aglomeraciones o grandes organizaciones. Además, un aspecto clave de los grupos es su estructura y organización internas. Generalmente, es relativamente fácil identificar una serie de posiciones básicas dentro de los grupos, tales como el liderazgo, la dependencia o el relativo aislamiento, así como diferentes tipos de organización de las relaciones y los flujos de comunicación entre las citadas posiciones.

Como es obvio, cuanto más elevado es el grado de organización formal del grupo, más elevado es el grado de estructuración interna y una parte de la organización formal se vincula con el hecho de que los objetivos del grupo se encuentren más o menos explícitos, concretos o definidos.

En los grupos primarios es habitual que exista un cierto nivel de variabilidad, incluso indefinición, de las posiciones establecidas, lo que no impide el que uno o varios miembros adopten o mantengan ciertos roles de una forma más o menos permanente.

1.3.3. Psicología individual y social básica aplicada a actos sociales

En la actualidad, la psicología se ha especializado en diferentes áreas. Se encuentra la psicología general, la cual estudia los elementos que tienen en común determinadas personas; y la psicología diferencial, que centra su interés en las diferencias de las personas que forman diferentes grupos. Además de esto, se encuentre la psicología aplicada o psicotécnica, la cual está vinculada con el mundo laboral, académico, etc. La psicología social no realiza suposiciones relativas a lo que está bien o está mal en una persona o la sociedad, tal como realiza la medicina o la psiquiatría. No tiene por objeto establecer normas como lo realizaría la medicina en la que todo lo que se salga de un promedio mecánico o numérico se considera enfermedad. Por contra, analiza el comportamiento o las acciones como si constituyesen crisis que muestran el estado de lo más profundo del individuo. Se preocupa por las razones que dan lugar al problema. De forma que analiza la sociedad y al individuo desde su origen.

Dentro de la psicología se encuentra la psicología individual, cuyo ámbito de estudio hace referencia a la interrelación entre el mundo de los estímulos (padres, ruidos, cosas que se observan, etc.) y el organismo. Este mundo de los estímulos genera una serie de respuestas en el organismo que pueden ser distintas en función de los estímulos. De lo que se deriva que cada persona presente su propia psicosomática individual. Esta psicología recurre a la bioquímica y la fisiología para conocer la forma en la que vive y cómo come, por ejemplo, el individuo. De otro lado se encuentra la psicología de grupo, que estudia a los individuos integrados en la sociedad específica en la que se desarrollan dado que las personas no nacen y crecen en la sociedad humana en general. Un ejemplo lo tenemos en lo que se suele denominar mundo occidental y mundo oriental. Los comportamientos son muy diferentes.

La oposición existente entre psicología individual y psicología social o colectiva, que aparentemente puede resultar muy profunda, pierde buena parte de su sentido en cuanto se somete a un examen más detenido. La psicología individual se centra en el hombre aislado e investiga las vías por las que el mismo trata de conseguir la satisfacción de sus instintos, pero solo en pocas ocasiones y bajo algunas condiciones excepcionales le es concedido prescindir de las relaciones del individuo con el resto de sus semejantes. En la vida anímica individual se halla incorporado siempre *el otro*, como modelo, objeto, auxiliar o adversario, y así, la psicología individual es simultáneamente y desde el inicio, psicología social, en un sentido extenso, pero totalmente justificado.

Las relaciones del individuo con su familia cercana y las personas más vinculadas afectivamente con el mismo, es decir, las que hasta ahora han sido objeto de la investigación psicoanalítica, pueden aspirar a ser tenidas en cuenta como fenómenos sociales, colocándose entonces en oposición a otros procesos, que suelen recibir la denominación de narcisistas, en los que la satisfacción de los instintos evade la influencia de otros individuos o prescinde de las mismas en absoluto. De esta forma, la oposición existente entre actos anímicos sociales y narcisistas se halla dentro del campo de estudio de la psicología social o colectiva.

En estas relaciones con las personas con las que existe una vinculación afectiva, aparece el individuo situado bajo la influencia de una única persona o como máximo, de un limitado número de personas, cada una de las cuales ha alcanzado para él una elevada importancia. Al hacer referencia a la psicología social o colectiva, se suele prescindir de estas relaciones, tomando exclusivamente como objeto de la investigación la influencia que se ejerce simultáneamente sobre el individuo por un amplio número de personas con las que se encuentra vinculado por determinados lazos, pero que, fuera de esto, pueden resultarle ajenas desde otros muchos puntos de vista.

La psicología colectiva entiende al individuo como integrante de un grupo, de un pueblo, de un barrio, de una determinada clase social o de una institución, o como miembro de una multitud humana, que en un momento determinado y con un fin concreto, se organiza en una colectividad o masa. Eliminado de este modo un lazo natural, es sencillo considerar los fenómenos que hayan surgido en las circunstancias particulares previamente señaladas, como manifestaciones de un instinto especial, del instinto social –instinto de grupo-, que no surge al exterior en otras circunstancias.

No obstante, ha de afirmarse que no resulta sencillo atribuir al factor numérico una importancia suficiente para causar por sí solo en el espíritu de una persona, el despertar de un nuevo instinto, que no se encuentra activo en otras ocasiones. Nuestra atención queda, de esta forma, orientada hacia dos diferentes posibilidades: que el instinto social no tiene la naturaleza de instinto primario e irreductible, y que los inicios de su formación pueden encontrarse en círculos más limitados, como es el de la familia.

La psicología colectiva, si bien se sitúa aún en sus primeras fases, incluye un número muy extenso de problemas, que ni siquiera aparecen todavía adecuadamente diferenciados. Solo la clasificación de los diferentes modos de agrupaciones colectivas y la descripción de los fenómenos psíquicos por ellas exteriorizados requieren una importante labor de observación y exposición.

1.3.4. Liderazgo, empatía y asertividad

El liderazgo, la empatía y la asertividad son elementos básicos a la hora de organizar actos sociales y desarrollar relaciones interpersonales de calidad.

- Liderazgo:

  Existen diversas definiciones del liderazgo de un equipo, entre las que cabe destacar la que señala la capacidad con la que cuenta el responsable de un grupo para influir en el conjunto de las personas vinculadas al mismo para alcanzar los objetivos y cubrir las necesidades del equipo. Su objetivo principal es conseguir que las personas que lo integran alcancen su máximo potencial personal y profesional y, junto con ellos, el equipo considerado como un conjunto. No se trata de buscar en la empresa personas cuya influencia surge de la posición que ocupan en el organigrama (influencia derivada de la jerarquía que ocupa en la estructura formal de la empresa), sino de aquellas cuya influencia deriva de su capacidad para influir en las demás personas (autoridad otorgada por quienes escuchan a la persona en cuestión).

  Ser líder supone no conformarse con la situación integral en la que se encuentre el equipo, guiando al conjunto de sus integrantes para alcanzar un objetivo que se considera positivo por parte del conjunto de las personas con las que se relaciona el líder, el cual ha de sentirse implicado tanto con el equipo como con los miembros del mismo. El líder ha de implicarse con el conjunto de sus compañeros en la consecución de un objetivo común que beneficiará al conjunto de los implicados, por el contrario, la persona que ocupa un puesto de elevada jerarquía, pero que no ejerce un liderazgo en el equipo, se limitará a emitir una serie de órdenes, sin implicarse en su desarrollo y en desarrollar las acciones precisas para conseguir los objetivos marcados, ya que todo ello lo considera como tarea de sus *subordinados*

En determinadas ocasiones, el liderazgo supone guiar al resto de los miembros del equipo por un estilo nuevo de dirección o de gestión que rompa con los anteriormente empleados en el grupo, bien por tradición o bien por la influencia de un líder anterior. En ningún caso un líder debería ser entendido como alguien que no asume críticas y que considera que sus criterios son los únicos válidos, sin tener presente las opiniones que otras personas vinculadas con el equipo puedan exponer.

Los atributos con los que cuenta un líder empresarial son los siguientes:

— Carismático: guiando al equipo del que forma parte de forma que cada uno de los miembros del mismo alcancen su máximo nivel de desarrollo personal.

— Organizador: con la capacidad de emplear adecuadamente la serie de factores con los que cuenta el líder para desempeñar sus funciones en el equipo.

— Visionario: con la capacidad de observar la evolución futura tanto de la empresa en sentido particular como del sector en el que la misma se desarrolla, de ese modo puede entender la evolución económica o social en que se desarrolla la empresa con mucha más claridad que el conjunto de las demás personas implicadas.

— Comunicador: no basta con que el líder tenga una visión a largo plazo muy relevante, sino que esa visión y la forma de alcanzar esas metas debe ser transmitida a la totalidad de las personas vinculadas a la misma de forma clara y comprensible.

— Motivador: la comunicación no solo ha de ser clara, sino que debe realizarse de una forma que los trabajadores implicados se sientan motivadas a realizar las actuaciones propuestas por el líder.

— Operativo: las propuestas que realiza no han de ser meras exposiciones de motivos o de buenas intenciones, sino que han de transformarse en cambios concretos que supongan la superación de los obstáculos que puedan aparecer en el desarrollo de las actividades precisas para la consecución de los objetivos.

— Constante: de modo que, con las dificultades que surjan, se centre en alcanzar las metas que se ha marcado, sin realizar rectificaciones que puedan suponer modificación de los objetivos o disminución de la intensidad de los cambios precisos salvo que sea necesario de forma indiscutible.

— Creativo: capaz de idear soluciones frente a los eventos que se presenten, sin verse constreñido por los planes redactados inicialmente inicialmente previstas, y que puede generar ideas nuevas para alcanzar objetivos sin verse bloqueado por la aparición de un escenario inicialmente no previsto.

— Negociador: con la capacidad de llegar a acuerdos con las personas con las cuales se relaciona el líder, consiguiendo que las diferencias que naturalmente se pueden producir, den lugar al nacimiento de procesos de negociación y no de enfrentamiento entre las partes implicadas.

— Honesto: se trata de un valor que el líder debe poseer para conseguir el liderazgo del equipo y mantenerla en el largo plazo.

- Empatía:

  La empatía puede definirse como la capacidad de percibir lo que el interlocutor está comunicando y compartir los sentimientos que está expresando. También se describe como la capacidad para entender los pensamientos y emociones de las demás personas, de situarse en el lugar de los demás compartiendo los sentimientos de estos. Cuando se habla de empatía en el campo de la empresa, suele definirse como *ponerse en el lugar del cliente* o, igualmente, como *identificar los deseos del cliente*. Ambos conceptos son válidos.

  No es preciso que los seres humanos tengan la misma serie de experiencias personales para lograr comprender al prójimo que se encuentra a su alrededor. La clave es estar dispuesto a entender y traducir los mensajes de tipo verbal y no verbal que el interlocutor desea transmitir y que el mismo se vea comprendido y escuchado con interés.

  La empatía se presenta en todas las personas en mayor o menor grado. No debe entenderse como una característica especial del que están dotados algunos individuos desde el momento en que nacen, sino que se trata de una característica personal que puede incrementarse y reforzar a lo largo del tiempo si existe la adecuada voluntad para ello.

La capacidad para desarrollar una conducta empática se comienza a desarrollar desde la edad infantil.

La capacidad para la empatía se desarrollará con mayor facilidad en aquellas personas que han vivido en un ambiente en el que han sido aceptadas y comprendidas, han recibido apoyo y han visto que la preocupación por los demás era un valor fundamental de las relaciones humanas.

Es evidente la gran importancia que implica contar con una actitud empática para atender al cliente, de forma que exista una conexión con su estado anímico y poder prestarle la ayuda que precise, no obstante, debe mantenerse la suficiente distancia como para evitar una excesiva involucración con el cliente y que llegue a desaparecer la necesaria objetividad en la actuación del empleado. Un ejemplo sería el de una persona que, alegando problemas personales que pueden ser ciertos y demostrados, causa en un empleado un sentimiento que le lleva a actuar contra las normas que tiene establecido yendo más allá de sus atribuciones, en vez de realizar todo aquello que esté en sus manos, pero dentro de su capacidad de actuación prefijada. En sentido contrario, sería el caso de identificarse en exceso con un cliente que llega a la oficina protestando por una mala atención de la entidad y eso llevase al trabajador a quejarse igualmente de la mala organización de la empresa en vez de centrarse en buscar una solución que ayude de forma efectiva que ayude al cliente, más allá de las quejas o las protestas. En estos supuestos la empatía no ayuda al cliente, ni a la empresa, ni a la persona que trata directamente con los clientes.

En muchas ocasiones, los clientes no necesitan la opinión y consejo de los trabajadores de la entidad, sino saber que se les está entendiendo y comprendiendo lo que ellos desean transmitir.

Cuando un trabajador deba dar su opinión sobre lo que está escuchando es básico realizarlo de un modo constructivo, siendo sincero y teniendo presente que no debe hacerse de un modo que causen molestias en el cliente que se está atendiendo. Es fundamental para conseguir este objetivo tratar respetuosamente los sentimientos y pensamientos de la otra persona y comprender lo que el cliente está expresando.

Es aconsejable tener una buena predisposición para aceptar las diferencias que puedan existir con los clientes y ser tolerantes. Evidentemente, ser tolerante no puede implicar que el trabajador haya de soportar conductas o actitudes que impliquen falta de respeto, sino, sencillamente, aceptar, comprender y respetar las diferencias.

- Proceso de la empatía:

  En el área de atención al cliente, el proceso de empatía tiene dos fases:

  La primera consiste en reconocer el estado de ánimo del cliente. Esto implica llegar a determinar cuál es la emoción principal que existe en él. Puede ser frustración, preocupación, miedo, enfado, felicidad, satisfacción, orgullo, etc.

  Para conseguir este objetivo, el empleado de la entidad deberá plantearse a sí mismo qué estará ocurriendo en la mente de este cliente o por qué razón se comporta así.

  Reconociendo este estado de ánimo, se está en camino para la segunda parte del proceso de la empatía.

- Asertividad:

  Se define el concepto de asertividad como la capacidad para expresar las opiniones personales, las emociones y los sentimientos en una forma sin complejos, de un modo tranquilo, sin que esté presente la agresividad, el temor o la ansiedad, dando lugar a que la persona pueda afirmar sus derechos como tal, sin que se produzca una manipulación de las demás personas ni manipulando a nadie a su vez.

  No debe confundirse la asertividad con la búsqueda de la aprobación por parte de las demás personas. Esa búsqueda de la aprobación por parte de terceras personas podría dar lugar a aceptar manipulaciones externas a cambio de obtener esa aprobación, por el contrario, cuando se actúa de una forma asertiva, no se busca lograr el aplauso de otras personas, por lo que, por ejemplo, se expresarían las opiniones propias, aunque ello suponga desacuerdos con los demás.

1.4. La imagen personal

La imagen es un elemento fundamental a la hora de relacionarse entre las personas. La imagen personal es el primer elemento que se transmite hasta el exterior y, por ello, factor esencial de la primera impresión que se proyecta en los demás. La imagen personal no ha de ser identificada de forma exclusiva como la forma en la que se viste y el aspecto físico.

La cortesía implica el cumplimiento de una serie de directrices en torno a la forma en que se desarrollan las relaciones interpersonales.

Un elemento básico de la imagen personal es el cuidado extremo de la higiene personal, desde el cabello hasta las manos, es necesario para transmitir una impresión positiva hacia las personas con las que se mantienen relaciones sociales.

1.4.1. Elección del vestuario

La adecuada elección del vestuario responde, igualmente, a la imagen que se desea transmitir hacia los demás. Se trata de un proceso en el cual intervienen tanto las preferencias personales como la moda y las convenciones sociales que en cada momento se encuentren vigentes.

Debe reconocerse que en la actualidad las normas relativas al vestuario a emplear en los distintos actos o situaciones de la vida profesional se han vuelto más flexibles, permitiendo un mayor margen de libertad personal a la hora de decidir la forma en que se selecciona el vestuario.

No obstante, sigue manteniéndose una serie de criterios generales que han de tenerse presentes a la hora de decidir la forma en que se elige la forma de vestirse para un acto:

- Tipo de acto. En ocasiones, la convocatoria para un acto exige un determinado código de vestimenta (también denominado *dress code*), tal como chaqueta y corbata, traje oscuro o vestido largo. En el caso de que no exista ese código de vestimenta previamente determinado, habrán de seguirse las convenciones socialmente establecidas.
- La ropa, además de estar en perfecto estado, habrá de encontrarse lavada y planchada correctamente. La imagen que transmite una prenda de vestir descuidada o en mal estado es muy negativa.

La elegancia en el vestir no es una cuestión de precio a la hora de adquirir las prendas, sino de hacer una elección adecuada a las circunstancias y de que resulte armónico en relación con la persona que lo porta.

Así, un ejemplo muy conocido es el de algunas empresas que exigen a sus comerciales vestir de traje y corbata, produciéndose en ocasiones el resultado de que, en lugar de ofrecer una imagen de elegancia en el vestir, se consigue, por el contrario, transmitir una impresión poco natural e incoherente con la personalidad del empleado. Siendo, en este caso, mucho más adecuada una forma de vestir casual y más informal.

Debe intentarse lograr un estilo personal con el que cada persona se encuentre cómodo y que forme parte de su propia imagen, de la que desea transmitir, si bien, ello no debe ser la vía para vestirse de forma extravagante o fuera de los cánones sociales cuando se trata de elegir el vestuario a emplear en actos sociales, de trabajo o celebraciones.

La elección correcta de la ropa a emplear es, adicionalmente, un elemento de respeto hacia la organización o anfitrión del acto.

Adicionalmente con el vestido, han de tenerse presente elementos tales como el perfume o el maquillaje.

- Perfume:

  Se considerará tanto la época del año como la hora del día en la que se desarrolle el acto, evitando los que son muy intensos o, al menos, empleándolos de forma moderada.

- Maquillaje:

  Ha de tenderse a que sea natural y poco perceptible, considerando el efecto negativo que puede implicar un maquillaje excesivamente evidente o que no se haya aplicado de forma correcta. La hora del día en que se celebre el acto o la iluminación con la que se vaya a contar es un elemento básico a considerar.

1.4.2. Formas de saludar

El saludo, en cualquiera de sus diferentes modos (dar un beso, estrechar la mano, dar un abrazo), es un modo de mostrar buena educación y cortesía a las demás personas con las que interactuamos.

Cuando se conoce a otros individuos, nuestras intenciones positivas, nuestra intención de entablar una conversación, un trato personal (por razones laborales o sociales) deben indicarse de modo verbal y físico. En resumen, la finalidad es mostrar un acercamiento de modo correcto, educado y respetuoso.

Por lo anteriormente citado, el saludo y el modo de realizarlo tienen una gran importancia. Realizar un saludo excesivamente afectuoso con una persona a la que no se conoce puede generar un cierto *rechazo* por parte de la persona que recibe el saludo. Por ello, es preciso conocer la forma adecuada de saludar, cuándo y de qué forma hacerlo, para evitar, como sucede con los regalos, que el objetivo del mismo se vuelva en contra de quien entrega el regalo o al menos no surja el efecto que se deseaba. El saludo ha de ser una bienvenida, una puerta que se abre.

Los saludos son el modo con el que los individuos expresan, de modo verbal y física, su disposición a construir una *cierta relación* con el interlocutor. Consiste en un gesto de cortesía y de correcta educación, y, a la vez, una muestra de *no enemistad*. Se puede saludar por cortesía, aunque la persona no sea de nuestro agrado. Sin embargo, hay una expresión que se emplea y que ofrece una idea de la trascendencia de este gesto: retirar el saludo. Cuando la enemistad resulta evidente, se emplea esta expresión como forma de señalar que con esa persona no se deseaba ninguna clase de relación. Ni siquiera el saludo.

Los modos de saludar son tan diferentes como las culturas. Hay saludos que pueden incluir o no contacto físico. Existen saludos de toda clase. Pero la totalidad de estos saludos tienen su interpretación propia e indican mucho de la persona que los hace y de cómo los realiza.

Los saludos hablan por ellos mismos. Un apretón de manos de uno u otro modo, una mirada, un gesto indican mucha información acerca de cómo es la otra persona y hasta nos puede llegar a hacer intuir las intenciones o pretensiones que puede albergar.

Los saludos pueden clasificarse, de forma básica en los siguientes tipos:

- Verbales. Son los saludos que suelen realizarse con personas que no conocemos o que no han sido presentadas previamente. Decir un *buenos días, buenas tardes*, ¿cómo está? y expresiones similares, que en la generalidad de los casos no se acompaña de ningún tipo de contacto físico.
- Físicos (o de contacto). Son los saludos que se dan frecuentemente en presentaciones y otros supuestos en los que existe un contacto físico tal como un apretón de manos, un abrazo, un beso, etc.
- Mixtos. Los saludos físicos que se encuentran acompañados de un saludo verbal de cortesía: *encantado, es un placer*, etc. A la vez que se da la mano, se da un beso, un abrazo, etc.

Los saludos considerados apropiados en cada supuesto son diferentes en función del país de que se trate.

Los saludos en sus múltiples expresiones suelen indicar el grado de cercanía, afectividad o interés que se tiene con la otra persona. De esta forma, aunque no siempre, se puede afirmar que, a mayor afecto en el saludo, más muestra de cercanía.

Estrechar la mano resulta ser el modo más neutro e internacional de saludo, en el que únicamente la fuerza, posición de las manos y duración del mismo pueden ofrecer alguna idea acerca del tipo de relación que puede estar presente. El saludo corto y firme suele ser el más habitual.

El saludo flojo y prolongado puede indicar una falta de interés o inseguridad. El saludo más extenso y firme puede señalar interés en iniciar una nueva relación, en colaborar y emprender proyectos novedosos.

El beso en la mejilla es una de las formas de saludo que se extiende con mayor rapidez. Es una de las fórmulas más extendidas a nivel mundial, especialmente entre las mujeres. Sin embargo, aunque las recomendaciones del protocolo no recomiendan besar a una persona que nos acaban de presentar, la realidad suele ser diferente.

El abrazo, la palmada en el hombro o la espalda son maneras de saludar excesivamente efusivas para ciertos momentos, y se halla reservada para personas que ya se conocen previamente. Pero la realidad muestra que se puede ver esta clase de saludos entre personalidades y autoridades.

La cultura y las tradiciones ejercen una poderosa influencia en la clase de saludo en casi todas las áreas del mundo. Por ello, lo más adecuado es dejarse llevar por el modo de saludar del país, siempre que no se trate de un gesto que pueda causar un cierto grado de reparo o aversión. Ser un buen visitante o un buen anfitrión implica una serie de límites.

El saludo a utilizar, en caso de duda, será el más neutro. Es decir, estrechar la mano manteniendo el contacto visual con la persona a la que saludamos y mostrando una leve sonrisa o un gesto agradable.

No es correcto saludar a otras personas con gafas de sol, con la cabeza cubierta (gorra, sombrero, visera, etc.), con los guantes puestos, fumando, con una copa en la mano o con la boca llena. En el supuesto de la copa y el cigarrillo, se dejarán en un lugar aparte. Por otra parte, en el supuesto de la comida, se terminará de masticar y tragar.

Desde el punto de vista social, el acto de saludar tiene una importancia clave. Se trata de un pilar básico en la educación de las personas, en el vínculo social que nos vincula con las demás personas. El saludo muestra numerosos detalles acerca del carácter y la correcta formación de una persona.

El simple hecho de encontrarse a una persona conocida es suficiente para deber ofrecer un saludo por mera cuestión de cortesía. No es preciso charlar o pararse, si no se estima oportuno, pero el saludo es básico. Es positivo saludar a un vecino, a un compañero de trabajo, a una persona que le han presentado recientemente, etc. El saludo es un elemento clave de la buena educación y un modo de mantener unas relaciones sociales cordiales y agradables.

El modo más adecuado de saludar es acompañar el gesto con una sonrisa, con una expresión facial agradable. No debe mirarse hacia abajo, debe mirarse a los ojos de la persona a quien se saluda. Aunque el saludo se efectúe por pura cortesía o compromiso, debe acompañarse de un gesto cordial. Las personas amables cuentan con mejores oportunidades de crear buena impresión en los demás que las personas que no lo son.

El saludo puede hacerse en la distancia, con una pequeña muestra de cortesía tal como levantar ligeramente la mano, pero sin intercambiar palabras en voz elevada. También se puede saludar en la cercanía, sin generar invasión en el espacio privado de las personas.

1.5. Formas protocolares de expresión oral

El esquema básico de una comunicación es el que indica el gráfico mostrado a continuación, en el que aparecen una serie de elementos que son los siguientes:

- <u>El emisor</u>: también denominado *fuente*, es quien emite el mensaje con el propósito de comunicar algo. Puede ser una persona individual, un colectivo de personas o una entidad.
- <u>El mensaje</u>: consiste en la información que se pretende transmitir a los receptores del mismo, debiendo distinguir dentro del mismo la forma y su contenido
- <u>El destinatario o receptor</u>: que recibe el mensaje y lo descodifica para entender su significado.
- <u>El canal</u>: el elemento de carácter físico que pone en comunicación al emisor y al receptor. Puede ser el aire en el caso de la comunicación cara a cara, la red telefónica, internet, la radio. El aire se considera canal natural, por contraposición a otros artificiales como un folleto comercial, internet o un anuncio en prensa. Los canales de comunicación pueden dar lugar a que se generen *ruidos*, así como *redundancias* que producen alteraciones en el proceso de comunicación.

- El código: serie de signos, así como las normas para combinarlos, que permiten codificar la información en un mensaje, ser emitido el mismo y, posteriormente, ser descodificado por la persona que lo recibe.
- El contexto o entorno: conjunto de circunstancias de la realidad que afectan tanto al emisor como al receptor cuando están emitiendo y recibiendo el mensaje y que pueden tener como consecuencia que el mismo sea malinterpretado y su significado varíe respecto del que estaba previsto en la intención del emisor. Puede referirse a aspectos tanto del contexto lingüístico (mensajes anteriormente emitidos), como al extralingüístico (nivel formativo o de conocimientos de los intervinientes en la conversación). Si estas circunstancias no se tienen en cuenta, pueden producirse distorsiones importantes en el proceso de comunicación.

El proceso de la comunicación puede incluir algún tipo de obstáculo que dificulte su desarrollo. Estos obstáculos son denominados *ruidos* o *barreras* (distintos nombres en función del autor que se considere) en la comunicación. Son muy diferentes las barreras que pueden interferir en el proceso de comunicación. Entre los cuales pueden destacarse estos:

- Tanto el emisor como el receptor tienen intereses diferentes.
- Se emplean palabras con significados diversos que pueden dar lugar a equívocos.
- La estructura del mensaje no resulta de fácil comprensión para el receptor.
- Existen emociones presentes que afectan a la comprensión del mensaje transmitido.
- Emisor y receptor manifiestan intereses diferentes.

En todo caso, se trata de un elemento que genera una confusión y que hace que exista una interferencia en la comunicación. Se habla de ruido interno cuando el receptor no presta la atención suficiente al mensaje que se le está emitiendo y de ruido externo en el caso de que la distorsión del mensaje venga producida por factores ambientales. Un ejemplo sería el de emitir instrucciones sobre cómo realizar una determinada actividad en una forma tal que su ambigüedad da lugar a que se pueda entender en diversos sentidos en función de la persona que esté recibiendo las mismas. Otros factores que producen ruido son las circunstancias personales en las que se encuentren tanto el emisor como el receptor, por ejemplo, la tensión personal que una o las dos personas puedan estar atravesando. Son barreras que distorsionan el mensaje, así como el correspondiente *feedback*.

Las barreras a la comunicación pueden clasificarse de la siguiente forma:

- Semánticas: el receptor no llega a comprender adecuadamente lo que el emisor pretende transmitir, bien porque no conoce el significado de las palabras empleadas o bien porque considera que el significado de dichas palabras es diferente respecto del que realmente poseen o del que le desea atribuir el emisor. Puede darse este supuesto cuando se el emisor y el receptor pertenecen a generaciones o ámbitos sociales diferentes o cuentan con niveles de conocimientos técnicos sobre un tema muy alejados el uno del otro.
- Pragmáticas: existe una situación de contradicción entre lo que el emisor pretende emitir y la reacción que provoca en el receptor. Puede producirse por una interpretación equivocada de los mensajes no verbales o por una inadecuada construcción de los mismos por parte del emisor.
- Sintácticas: el receptor del mensaje no capta los mensajes o solo lo hace en un aspecto parcial. Sería el caso de una persona que no conoce adecuadamente un idioma y lee unas instrucciones o una descripción de un producto y es capaz de interpretarlo solo de forma parcial, presuponiendo partes del conjunto del mensaje, que posiblemente no se haga de una manera adecuada.
- Psicológicas: tanto el emisor como el receptor cuentan con un nivel cultural, una personalidad o un sistema de valores diferentes. Pueden generarse por los prejuicios que se pueden albergar sobre diferentes temas o colectivos de personas. Frecuentemente se deben a que existen interferencias anímicas entre ambos por vinculaciones personales positivas o negativas, por ejemplo, el rechazo que una persona puede sentir por otra. Igualmente, el estado anímico concreto de las personas en el momento de la comunicación influye en la calidad de la comunicación (enfado, aprecio, decepción, ira, etc.) o si se está preocupado por una determinada cuestión y se piensa de forma intensa en una cuestión concreta en vez de prestar atención a la conversación que se está manteniendo.
- Culturales: el origen de las personas, bien desde el punto de vista de su país de origen, o de la formación recibida tanto en el ámbito académico como en el de la familia. Estas diferencias de partida pueden dar lugar a que ciertos mensajes que en un contexto cultural tienen un significado concreto, en otro puedan contar con otro totalmente diferentes. Un ejemplo sería el de los signos del lenguaje no verbal o las normas de protocolo aplicables a cada país.

- Manipulación: el emisor puede elegir las palabras necesarias para que el receptor del mismo entienda algo que pueda alterar su opinión sobre un determinado tema sin que sea evidente tal intención.
- Fisiológicas: se producen cuando la comunicación se ve afectada por circunstancias físicas o psíquicas que se presentan en el emisor o en receptor, por ejemplo, la tartamudez, una voz demasiado baja, problemas de pronunciación o problemas psíquicos.
- Físicas: consisten en los ruidos o interferencias que tienen lugar en el medio en que se produce la comunicación. En función del medio de que se trate, las barreras físicas serán diferentes. Así, en una comunicación personal, el ruido ambiental demasiado alto distorsionaría la comunicación, en una conversación telefónica podría serlo un problema de cobertura en la red.

1.5.1. Comunicación verbal

Al hablar del lenguaje suele pensarse en el lenguaje verbal, las palabras que intercambian los diferentes interlocutores de una conversación, sin embargo, los diferentes estudios demuestran que aproximadamente un 65 % del contenido de una comunicación cara a cara se transmite mediante el lenguaje no verbal (gestos, posturas, movimientos, expresiones).

Es preciso construir de forma adecuada el mensaje para que se pueda obtener una adecuada transmisión del mismo y que llegue al receptor aquello que el emisor desea comunicarle. Para ello, uno de los primeros pasos es conocer cómo es el receptor y cuál es el lenguaje más adecuado para conseguir ese éxito en la comunicación. Cada cliente es diferente y, si bien no puede considerarse que ningún grupo sea superior a otro, sí que resulta evidente que unos tendrán un mayor conocimiento que otros a la hora de abordar aspectos técnicos de la transacción comercial o asesoramiento de que se trate.

Deben definirse las palabras a emplear, así como la mayor o menor presencia de términos técnicos en nuestra argumentación o determinar si ha de dirigirse a un cliente convencido o a un cliente reticente de contratar los productos o servicios ofrecidos por la entidad.

Como reglas básicas para determinar el lenguaje más adecuado a emplear cabe señalar las siguientes:

- Ha de ser claro, sencillo y preciso. Deben evitarse palabras técnicas que no sea necesarias, ya que, por el contrario, en vez de dar imagen de conocimiento del producto o servicio ofertado, la impresión que se emite es de superioridad respecto al cliente, con independencia de que esa no sea la intención original del emisor. En un sentido opuesto, un lenguaje demasiado confiado o demasiado coloquial puede resultar incómodo para muchas personas, ya que el cliente puede terminar pensando que se le considera como persona de bajo nivel de conocimientos y no merecedor de un trato más respetuoso. La naturalidad y corrección en el lenguaje es el elemento clave en cuanto al nivel empleado.
- Gráfico y descriptivo, buscando que genere imágenes mentales de forma nítida, ya que no existe un elemento más eficaz para transmitir la información que la verbal. El lenguaje debe permitir al cliente asumir claramente lo que se le está exponiendo, evitando explicaciones más complejas de lo estrictamente necesarias, lo que dará como conclusión que la venta o contratación sea un proceso más rápido, este aspecto es importante especialmente con clientes indecisos o desconfiados.
- Dinámico, lo que se logra evitando los verbos formulados en tiempo futuro o condicional, debiendo emplearse en tiempo presente y sin mostrar ningún tipo de expresión que represente vacilación. El cliente debe tener claro lo que se le está ofreciendo y las consecuencias que para su actividad financiera tiene dicha operación. Ha de tener presente lo que puede esperar de su inversión, de forma que no tenga dudas acerca de lo que pueda ocurrir en función de las circunstancias o hechos que se puedan producir.
- Positivo, evitando emplear giros y expresiones que generen ideas negativas en el cliente, sino palabras y frases positivas y que estimulen su interés. Hablar de posibles problemas, dificultades, situaciones inesperadas y otros términos similares solo serviría para que el cliente visualice el producto como una fuente potencial de pérdidas o de situaciones conflictivas. Debe expresarse la descripción del producto de un modo objetivo, mostrando sus características reales, pero sin caer en la posición de exponerlo como un producto que generará experiencias negativas para el cliente.
- No redundante, no utilizando superlativos inútiles o excesivos adjetivos. La imagen que se transmite cuando se emplean estos recursos verbales es de vendedor poco profesional. La objetividad es la más adecuada forma de convencer a los clientes, que puede sentir suspicacias

si lo que se le ofrece parece demasiado positivo para ser real. En la medida en que sea factible, se usará el menor número de palabras para describir las condiciones del producto o servicio ofertado.

- Finalmente, debe evitarse la falsa confianza y la falsa humildad. Debe tenerse presente que si el cliente no es capaz de comprender un concepto no es responsabilidad del mismo, sino que constituye una carencia del emisor a la hora de modular su lenguaje. El trabajador no tiene por misión transmitir exclusivamente a clientes bien formados en materia financiera, sino, por el contrario, ha de dirigirse a todo tipo de personas que han de sentirse igualmente atendidos con independencia de sus circunstancias personales. En este sentido, hay que tener muy claro que si el receptor no entiende, es culpa del emisor. Usando un ejemplo muy claro, jamás debe afirmarse a un cliente: *es que usted no me entiende*, sino *he debido explicarme mal.*

1.5.2. El lenguaje corporal

La comunicación no verbal está constituida por el lenguaje que surge del cuerpo y que no depende de las palabras empleadas por el interlocutor. En realidad, cuando se define a una persona con el calificativo de *simpática*, no lo es fundamentalmente por las palabras que emplea, sino por el hecho de que sonría, mueva los brazos de un modo dinámico, escuche atentamente y celebre nuestras afirmaciones. Por todo ello deben analizarse aspectos de la comunicación no verbal que en las relaciones comerciales han de tenerse presentes:

- La mirada

  La mirada puede expresar cualquier tipo de emociones, es obvio para cualquier persona que mediante el análisis de la mirada en ocasiones puede determinarse lo que la otra persona está sintiendo. Por ello debe analizarse, dado que, dentro del lenguaje no verbal, es el aspecto más complicado de manipular.

  Lo habitual es que cuando una persona escuche a otra, esté observando a los ojos de esa persona, de un modo casi continuo. Si no mira de esa forma casi permanente o, directamente, no mira a los ojos del interlocutor, la otra persona podrá sentir que no está siendo escuchada.

  Otra cuestión es cuando una persona se encuentra hablando. Mientras se encuentre hablando, no debería tener su mirada fijada en la persona que escucha. Lo normal es ir recorrer el entorno con la mirada y de vez en cuando fijar la vista en la cara de la persona con la que se está hablando. De no respetar esta regla, se puede producir incomodidad.

Tampoco resulta correcta la opción opuesta, es decir, no mirar apenas a quien está escuchando, ya que daría la impresión de que no se está dirigiendo esa charla con la otra persona. Si bien no existen reglas exactas, y no sería operativo seguirlas de un modo matemático, puede afirmarse que mirar al interlocutor el 50 % del tiempo y dirigir la vista a otros puntos el 50 % restante, es una proporción adecuada. En otro sentido, la mirada debe dirigirse de un modo frontal o en caso opuesto, se dará una sensación de desconfianza en el interlocutor. Mirar de arriba abajo a un interlocutor nunca es admisible, ya que consigue que la otra persona estime que se le está realizando una *radiografía*, lo que va a provocar una situación de tensión en la otra persona que no es aconsejable en ningún caso.

- Los gestos de la cara

Los gestos de la cara son los que consiguen que se pueda *leer* el estado anímico de nuestro interlocutor. Debe mostrarse un aspecto cordial en la relación con el cliente que acude a la entidad financiera. La primera herramienta para conseguirlo es el empleo de la sonrisa. Se evitará la aparición de arrugas en el entrecejo, debido a que puede dar una sensación de desconfianza en el interlocutor. La sonrisa deberá ser más bien amplia, ya que la cerrada, en la que no se muestran los dientes puede transmitir la sensación de no ser auténtica. No debe confundirse una sonrisa sincera con una risa abierta, dado que puede ser percibido por el interlocutor como una excesiva confianza y una muestra de poca profesionalidad.

Debe destacarse que la sonrisa no produce una disminución de la sensación de profesionalidad en el desarrollo de la actividad comercial o de atención al cliente. Muy al contrario, observar una sonrisa en la persona con la que se está tratando ayuda a crear un clima de cordialidad y genera una comunicación con un mayor grado de fluidez.

Lo contrario ocurre cuando se presenta un ceño fruncido, ya que genera desconfianza y tensión y el interlocutor puede llegar a sentir cierto grado de temor al tener que hablar con una persona que tiene dicha expresión en su rostro.

- Las manos

Las manos pueden delatar aspectos sobre nuestra forma de pensar sin que se sea consciente de ello. Frecuentemente no se les presta la adecuada atención, y sin embargo pueden llegar a exteriorizar el estado de ánimo de quien está hablando. Como ejemplo, si una persona muestra en su rostro una expresión tranquila, pero aparece tamborileando sus dedos o frotándose sus manos, la sensación que se transmitiría es de encontrarse en un estado de nerviosismo.

Es frecuente que se intente disimular el estado de nerviosismo jugando con algún objeto, por ejemplo, un bolígrafo, pero cuando se está relajado, las manos se expresan de forma simultánea respecto al lenguaje verbal, reforzando y dando más fuerza a las palabras que se están pronunciando. Del mismo modo, en personas que se encuentran tranquilas, las manos suelen descansar, con los dedos entrelazados o no, de forma relajada o sujetan un objeto, pero sin moverlo de forma repetitiva.

- La postura

  Existe una muy amplia literatura sobre el significado de cada una de las diferentes posturas corporales, en especial sobre lo que puede implicar la posición de las manos o de las piernas. De todas formas, debe intentarse transmitir a la otra persona una sensación de atención y de relajación. Un cuerpo que se encuentra rígido da una sensación de falta de naturalidad. En todo caso, debe tenerse presente que una postura forzada o estar meditando de forma continua acerca de cómo se encuentran situadas las extremidades haría que las personas que están hablando aparezcan como artificiales, y, desde un punto de vista interno, crea una situación de desviación de la atención respecto del núcleo principal de la conversación y se prestaría menos atención a la argumentación realizada por la otra persona, lo que, sin duda, afectaría a la aplicación práctica del principio de escucha activa.

- La ropa de vestir

  En lo que se refiere a la forma de vestir y complementos personales, la premisa principal es que no debe llamar la atención por encima del objeto de la conversación. Hay que transmitir una imagen adecuada al entorno de trabajo en que se está desarrollando la conversación de trabajo, pero nunca hacer que la ropa utilizada distraiga la atención del interlocutor respecto de lo que se le está exponiendo.

  Como criterio general, suele considerarse como más adecuada la ropa de tipo *neutro*, que no es excesivamente clásica ni tampoco moderna, con colores que no distraigan la atención, ni con demasiados adornos. Se puede decir que actualmente la imagen vende y debe ser cuidada, no puede obviarse, pero es un error importante el considerar que solo se deba vender la imagen, ya que ello sí transmitiría una sensación de falta de profesionalidad o, igualmente, de que el producto o servicio ofrecido no tiene la suficiente calidad, por lo que se apoya excesivamente en la imagen de las personas que lo promueven.

- La voz

  El tono de voz y el tipo de dicción que se mantiene muestra de forma muy clara el ánimo de la persona que está hablando. Ello tiene una implicación clara, de un lado puede servir para convencer, transmitir tranquilidad o generar confianza, pero, al contrario, también puede generar preocupación o crispación en el interlocutor. El tono se construye en base a la velocidad con la que se habla, la forma de modular las palabras, el ritmo o las pausas empleadas. Por ello es importante que no se transmita cansancio, monotonía o falta de interés hacia el interlocutor.

La combinación de esta serie de componentes debe adaptarse a cada conversación con el fin de ofrecer la mejor impresión al interlocutor.

La expresión debe reflejar:

- Cortesía.
- Amabilidad.
- Interés.
- Confianza.

La articulación de la voz hace referencia a la vocalización de las palabras. Debe tenerse en cuenta lo siguiente:

- Pronunciar las palabras hasta el final, sin resumirlas ni cortar su final.
- Pronunciar de la forma más correcta.
- Separar cada palabra que se pronuncia de las demás.

La velocidad será media en la comunicación que se desarrolle cara a cara, ni excesivamente rápida ni pausada. En caso de que el ritmo del interlocutor sea muy rápido o lento, una medida adecuada es hablar en un ritmo opuesto al de este, para intentar conseguir que al final el ritmo de la conversación sea medio, el más adecuado para la adecuada transmisión de información. Las pausas son adecuadas, pero debe tenerse en cuenta que si tienen una duración excesiva pueden dar lugar a la aparición de situaciones de silencio que pueden dar lugar a situaciones de tensión o incomodidad.

Las pausas deben emplearse para:

- Reforzar las palabras más importantes.
- Forzar las intervenciones por parte del interlocutor.

- Incrementar el interés de la otra persona.
- Dar lugar a momentos de reflexión en la conversación.

1.6. Formas protocolares de expresión escrita

La correspondencia comercial constituye un elemento básico de comunicación entre las personas y las organizaciones y se utiliza tanto en la empresa tradicional como en la moderna, en formato de papel o en formato electrónico y tiene dos objetivos fundamentales:

- Transmitir los mensajes de una forma eficaz y eficiente.
- Crear, mantener y recuperar en su caso una relación comercial basada en el principio de buena voluntad con los destinatarios de la misma.

Características claves de un mensaje escrito en el ámbito comercial:

- Claridad: el escrito debe ser interpretado de forma ágil y con un único significado posible. No debe abrirse la posibilidad de que el receptor del escrito interprete lo que se le quiere comunicar de un modo distinto a lo que tenía previsto el autor. Debe tenerse en cuenta que no existe la posibilidad de que el autor se encuentre al lado del lector en el momento en que el mismo lo esté leyendo para aclarar las dudas que puedan surgir. Debe cuidarse el uso del lenguaje, así como la estructura tanto del mensaje en su conjunto como de las frases que se utilicen. Las ideas que se deseen desarrollar han de estar adecuadamente desarrolladas.
- Brevedad: debe emplearse el menor número de palabras que sea posible, siempre que con ese número limitado de palabras se consiga transmitir de forma correcta las ideas e informaciones que sean el objeto de la comunicación. Sería incorrecto reducir el número de palabras de un mensaje si a cambio se pierde claridad en la exposición de las ideas.
- Cordialidad: el tono cordial es el que corresponde a cualquier comunicación comercial, con independencia del medio por el cual se lleve a cabo la misma. No es necesario explicar los inconvenientes que se derivarían de emplear un tono alejado de la cortesía, con el agravante de que, al aparecer fijado sobre un documento, queda constancia de lo expresado.
- Corrección: ortográfica y gramatical. Si bien en la actualidad es habitual ver que, especialmente en la correspondencia electrónica, las reglas de la ortografía y la gramática se incumplen de forma habitual, la correspondencia comercial ha de respetar dichas normas de una forma estricta.

Entre los principales criterios a seguir figuran los siguientes:

— Correcta ortografía.

— Empleo preciso de las mayúsculas y los signos de puntuación.

— División correcta de palabras al final del renglón.

— Escritura apropiada de los números.

— Presentación del mensaje en bloques tabulados y atractivos.

— Presentación de párrafos correctamente diseñados en cuanto a las ideas que incluyan.

— Uso correcto de sinónimos, así como de las preposiciones.

— Cumplimiento de las normas de sintaxis.

• Positivismo: se trata de transmitir los mensajes empleando la empatía, teniendo presentes las circunstancias personales de la persona que va a recibir el mensaje. Algunas de las líneas claves son:

— Dirigirse a la persona empleando términos que se refieran más al receptor que a uno mismo, ya que se trata de empatizar con el receptor, no de coleccionar referencias personales sobre el autor del mensaje.

— Evitar la utilización de términos que impliquen negatividad, por ejemplo, *problema*, *dificultad*, *imposibilidad*, o sustituir expresiones en negativo tipo *no podemos aceptar su petición concreta* por otras en positivo como *estamos a su disposición para mostrarle todas las alternativas con las que contamos para así lograr la máxima satisfacción de sus intereses*.

— No reprochar a la otra persona, responsabilizando de errores o poniendo de manifiesto la falta de capacidad de la misma en un determinado orden de cosas.

• Sencillez en el lenguaje: debe emplearse un lenguaje sencillo, que no implica que no se redacte de una manera formal, sino que hay que evitar el uso de expresiones enrevesadas que supongan artificialidad, dado que podrían producir en el receptor la sensación de que se pretende interactuar desde una posición de superioridad del autor respecto del receptor.

• Creatividad: no se trata de realizar ejercicios de estilo de tipo literario, dado que se está realizando una comunicación comercial, pero debe buscarse un cierto grado de creatividad, de modo que no dé la sensación de enviar un mensaje múltiples veces repetido anteriormente.

- Discreción: la materia que se quiera expresar ha de hacerse de un modo discreto y cortés, sin caer en el exceso en los halagos al receptor, lo que haría que el receptor dejase de creer en la objetividad de tales planteamientos.

El Alcalde de Jaén

Y en su nombre la Concejal Delegada de Promoción Económica, IMEFE, Escuela Taller e Igualdad

SALUDA

Y tiene el placer de invitarle a asistir al ***Acto de inauguración de la "Escuela de Empresas" del Instituto Municipal de Empleo y Formación Empresarial del Excmo. Ayuntamiento de Jaén, así como a la ponencia "Cooperación Empresarial: Necesidad Vs. Oportunidad"*** *que se celebrará el próximo día 15 de noviembre de 2013 a las 9:00 horas en la Sala Polivalente del Centro de Servicios y Fomento Empresarial "Emplaza", sito en la calle Bedmar, 29 del Polígono de los Olivares de Jaén*

Marina Isabel Paterna Pérez

Le testimonia su personal afecto y consideración

Jaén, octubre de 2013

Se ruega confirmación de asistencia: 953245520
Ext. 5520/5556/5524/ e-mail: imefe_empresas@aytojaen.es
(El acto tendrá una duración aproximada de una hora)

Ejemplo de Saluda. Fuente: www.aytojaen.es.

1.7. Atención a los medios de comunicación y prensa

El objetivo final de las relaciones con los diversos medios es comunicarse con el público externo y no con los propios medios en sí mismos.

Cualquier organización ha de mantener una política proactiva de comunicación, dado que es a partir de ese punto que se construye el prestigio o reputación de una determinada marca, servicio, empresa, productos, negocio o persona.

La imagen positiva o negativa que el público o cliente tenga de una determinada organización se encuentra en función de la correcta difusión que se haga de la misma a través de los medios de comunicación.

La imagen que va a tener el público en general es la que resulta difundida por parte de los medios de comunicación. De lo que se deriva que lo más correcto para una figura pública, persona o empresa es construir esa imagen por uno mismo y no arriesgarse a que se la construyan.

Generar comentarios positivos en los medios de comunicación no resulta muy costoso y es mucho más económico que una campaña publicitaria. Un comentario positivo procedente de un medio de comunicación tiene una credibilidad superior a la de un aviso publicitario.

En el mundo empresarial, dos de los factores más importantes que afectan el futuro de una compañía son los clientes y los medios de comunicación. La mejor estrategia es que se conviertan en aliados.

Las formas más adecuadas de posicionar una empresa como fuente de información son las siguientes:

- Política informativa

  La política informativa ha de incorporarse al plan de relaciones públicas: qué personas ejercen como portavoces, en qué materias y en qué supuestos; el lenguaje a emplear; en qué momento ha de publicarse una información; cuándo se redacta un boletín de prensa, se convoca una rueda de prensa o una jornada de puertas abiertas en la empresa.

  El contacto con los medios de comunicación ha de efectuarse mediante el responsable de comunicación y prensa.

  Cuando el periodista solicite entrevistar a los directivos de la empresa, el responsable de comunicación y prensa habrá de actuar como puente entre ambas personas, asesorando al directivo y facilitará información al periodista. Habrá de mantenerse actualizada la base de datos, dado que se trata de una herramienta indispensable.

- Conocimiento de la audiencia

  El objetivo final de las relaciones con los medios de comunicación es conectar con el público, clientes o consumidores, y no con los medios en sí. El paso inicial es conocer las características socioculturales y económicas de ese público objetivo además de sus necesidades y gustos.

- Características de los medios de comunicación:
  - — Medios impresos (prensa diaria y revistas especializadas).
    - Información: extensa y reflexiva.
    - Temáticas: adecuadas para transmitir información reflexiva y duradera.
    - Datos: documentos, resultados de investigaciones, entrevistas extensas, explicaciones, cifras y estadísticas.
  - — Medios electrónicos (radio, televisión e internet).
    - Información: concisa, instantánea y concreta.
    - Temáticas: muy adecuadas para transmitir información de impacto.
    - Datos: cifras precisas, datos globales y testimonios concisos.
  - — Base de datos de medios y periodistas.
    - Ámbito local, provincial, autonómico, nacional y agencias internacionales de noticias.
    - Nombre del director o responsable del medio.
    - Nombres de los jefes de sección y periodistas.

Las materias que resultan noticia para un medio de comunicación son, fundamentalmente, las siguientes:

- Cambios en las políticas de empresa.
- Aniversario de la fundación de la empresa.
- Novedades en los productos y servicios ofertados.
- Apertura de instalaciones.
- Apertura de nuevos mercados nacionales o internacionales.
- Generación de mano de obra de forma directa o indirecta.
- Suscripción de convenios.
- Menciones honoríficas.
- Certificaciones de calidad.
- Premios de diverso ámbito.
- Nombramientos de cargos directivos.
- Convenciones y asambleas anuales de la empresa.

- Aportes sociales a la comunidad.
- Presentación de los informes económicos.
- Actividades de formación.
- Puntos de vista de la empresa con relación a la legislación vigente.
- Licitaciones públicas ganadas.
- Campañas de formación.
- Tomar parte en una cuestión de actualidad.
- Llevar a cabo estudios, encuestas o sondeos.
- Desarrollar un homenaje a un personaje o institución pública o privada.
- Organizar eventos o conferencias.
- Convocar concursos o premios.
- Organizar visitas o misiones comerciales.
- Recibir reconocimientos.

La persona responsable del contacto con los medios ha de contar con una serie de características:

- Visión periodística

  Capacidad de determinar lo que resulta interesante para los medios de comunicación, a qué medios dirigirse y de qué forma presentar la información, decidiendo el género periodístico a emplear: noticia, reportaje o informe especial, por ejemplo.

- Capacidad de redacción

  Capacidad de expresar de modo nítido la información, datos financieros, económicos y estadísticos de forma que resulte entendible y concisa con correcta gramática y ortografía.

- Capacidad de mercadear las noticias

  Capacidad de *vender* a los periodistas informaciones o noticias. Ha de destacarse la importancia, el alcance, el impacto positivo del proyecto, del programa, del informe o de la actividad desarrollada por la empresa.

El portavoz

Es la persona que actúa como representante de la empresa ante la opinión pública a través de los medios de comunicación. Existen empresas que cuentan un portavoz de acuerdo al tema a tratar, pero habitualmente es el presidente de la compañía, el gerente, el responsable de gestión ambiental o el responsable de *marketing*.

El portavoz ha de cumplir las siguientes obligaciones:

- Informar de forma oportuna.
- Actuar con sinceridad.
- Explicar el hecho cuando así se le solicite.
- Ser constante en su atención a los medios informativos.
- Solucionar las dudas respecto a su actividad.
- Tratar de forma respetuosa a los representantes de los medios.

Tiene los siguientes derechos:

- Emitir rectificaciones.
- Guardar silencio en relación con materias confidenciales.
- Conceder entrevistas en exclusiva.
- Elegir los medios de comunicación a los que se dirige.

Atender la demanda de información de los medios de comunicación es una de las funciones del portavoz de una organización.

El contacto con los medios de comunicación puede realizarse a través de diversos instrumentos:

- Boletín de prensa

  Es una noticia emitida por la empresa en relación con una actividad u opinión de la empresa que se desea dar a conocer a la opinión pública. Puede incluir datos estadísticos, resultados de una investigación y datos financieros.

- Rueda de prensa

  Consiste en una reunión programada que se lleva a cabo para abordar temas de actualidad, presentar proyectos, resultados de investigaciones u opiniones, entre otros. Es un espacio de comunicación en el que se ofrece la posibilidad de explicar y confrontar.

  En la organización de la rueda de prensa han de tenerse presente una serie de factores:

  — Correcta elección del lugar, fecha y hora.

  — Envío de invitaciones a la rueda de prensa, selección de los asistentes.

  — Confirmación de la asistencia.

  — Infraestructura de comunicaciones.

  — Empleo de ayudas visuales.

  Durante el desarrollo de la rueda de prensa se considerarán estos elementos:

  — Iniciarla puntualmente.

  — Saludos, agradecer la asistencia y presentación de los intervinientes.

  — Explicar la metodología para plantear las cuestiones.

  — Inicio de la rueda de prensa.

  — Ofrecer soluciones para los requerimientos de los periodistas para facilitar su tarea.

  — Elaboración de material escrito y audiovisual para la explicación de datos de difícil comprensión o de gran extensión.

- Conferencia de prensa

Se trata de una reunión desarrollada entre un personaje y los periodistas para abordar un tema especializado acordado con anterioridad, permitiendo analizar y explicar sobre el mismo.

Se emplea para exponer proyectos de expansión, nuevas tecnologías u opiniones sobre asuntos clave entre otros. Adicionalmente es adecuada para exponer resultados o divulgar acciones desarrolladas en beneficio de la comunidad.

Con relación a la organización y desarrollo de la conferencia de prensa nos remitimos a lo indicado respecto a la rueda de prensa.

- Entrevista en exclusiva

  Hace referencia a la transmisión de información mediante una persona concreta. Puede ser requerida por un medio de comunicación o buscada por la propia empresa. La entrevista es concertada con una determinada antelación, lo que otorga tiempo al entrevistado para documentarse. La técnica es una sucesión de preguntas y respuestas generales o sobre un tema específico.

- El informe especial

  Consiste en un reporte detallado acerca de un aspecto concreto de un sector económico, ejecución de un proyecto, desarrollo de una actividad interna de la empresa que produzca efectos en el medio externo o cuestiones ambientales, entre otros supuestos.

  Es elaborado por especialistas en la materia, siendo el modo más sutil de transmitir la ideología propia de una empresa o de una asociación al conjunto de la sociedad a través de la prensa.

- La rectificación

  Es un derecho que se emplea cuando un medio ha publicado alguna información que no es precisa, teniendo el carácter falsa o tendenciosa. Lo adecuado es analizar la situación concreta y dirigirse posteriormente al medio o el periodista para que se rectifique lo publicado.

- El pronunciamiento

  Es empleado por los directivos o presidentes de empresas que adoptan una postura respecto a una norma, ley o disposición gubernamental. Se lleva a cabo mediante una carta al director de los medios, un boletín o una rueda de prensa,

- Recorrido por los medios

  Es básico visitar a los periodistas al menos una vez al año, algunas empresas lo efectúan cada seis meses. Su objetivo es tener retroalimentación con relación a la información que se remite y para conocer los requerimientos de los periodistas. Este recorrido por los medios debe ser para aportar información, esta estrategia es adecuada para invitar a los periodistas a la presentación del balance económico anual. Igualmente puede realizarse para llevar un boletín de prensa o una invitación a un evento importante.

  Debe tener en cuenta los horarios apropiados para visitar los medios impresos, radiales y de televisión. Es mejor llegar de sorpresa, pero con una planeación previa por parte del responsable de relaciones con la prensa.

- Jornada de puertas abiertas

  Cuando la empresa ha implantado nuevas tecnologías que derivan en un producto de superior calidad, se introduce en nuevos mercados, comercializa un nuevo producto, colabora en la conservación del medio ambiente, aporta progreso a la comunidad, desarrolla campañas educativas o logra certificaciones de calidad puede invitarse a los periodistas a la empresa a que conozcan esas novedades.

Medir las relaciones con los medios de comunicación es una cuestión compleja.

Tradicionalmente se hace de este modo:

- Recortes de prensa que sirven de referencia de lo publicado en los medios escritos.
- Registro de lo emitido por radio o televisión.
- Registro de lo publicado en las páginas web, particularmente de medios de comunicación, foros relevantes o páginas especializadas mediante el empleo de las herramientas informáticas de análisis correspondientes.
- Sondear a los periodistas para conocer las fortalezas y debilidades de la imagen de la empresa.
- Realizar análisis retrospectivos con relación a la cobertura prestada a la empresa.

Test de autoevaluación

1.1. La capacidad de percibir lo que el interlocutor está comunicando y compartir sus sentimientos que está expresando es conocida como...

a) Intuición.

b) Conexión personal.

c) Empatía.

1.2. Los tipos básicos de saludos son:

a) Verbales y mixtos.

b) Físicos y protocolarios.

c) Verbales, físicos y mixtos.

1.3. El tipo de vestimenta a emplear en un determinado acto protocolario se denomina:

a) Código de imagen.

b) Dress code.

c) Vestimenta válida.

1.4. La capacidad para expresar las opiniones personales, las emociones y los sentimientos en una forma sin complejos, de un modo tranquilo, sin que esté presente la agresividad, el temor o la ansiedad, dando lugar a que la persona pueda afirmar sus derechos como tal recibe el nombre de...

a) Asertividad.

b) Positividad.

c) Creatividad.

1.5. El atributo de acuerdo al cual el líder guía al equipo del que forma parte de forma que cada uno de los miembros del mismo alcancen su máximo nivel de desarrollo personal es:

a) El carisma.

b) La operatividad.

c) La motivación.

1.6. Los tres objetivos principales en el desarrollo de los eventos son: orden, eficacia y...

a) Protocolo.

b) Comunicación.

c) Estética.

1.7. La colocación de las presidencias en una mesa en la que las mismas se sitúan en el centro de la mesa es el...

a) Alemán.

b) Francés.

c) Inglés.

1.8. La metodología que implica a las marcas en la RSC de la empresa, mediante su asociación a una serie de valores y criterios que recuerdan los compromisos formales de la empresa en materias como el respeto a los derechos laborales de los trabajadores o el impacto medioambiental de su actividad es conocida como...

a) Responsabilidad social corporativa.

b) Gestión empresarial responsable.

c) Ethical branding.

1.9. “Conjunto de reglas establecidas por norma o por costumbre para ceremonias y actos oficiales o solemnes” es una conocida definición de...

a) El protocolo.

b) La educación.

c) La cortesía.

1.10. Las normas de comportamiento en internet reciben el nombre de...

a) Protocolo digital.

b) Netiqueta.

c) Protocolo 2.0.

Actividades prácticas

1.1. Analiza un foro de internet que conozcas o en el que participes regularmente y expón los posibles incumplimientos de las normas de comportamiento en internet que detectes.

1.2. Piensa en el responsable de un equipo (trabajo, deportivo, académico) con quien hayas coincidido y analiza hasta qué punto posee los atributos que ha de tener un líder tal como se expone en el manual. Justifica tus respuestas.

1.3. Pon ejemplos de barreras a la comunicación que se puedan producir en el desarrollo de un evento y que interfieran en el éxito de la misma. Desarrolla cada uno de los mismos.

2. Ceremonial de actos y eventos de marketing y comunicación

Existen normas que regulan el desarrollo de los eventos protocolarios, en ocasiones las reglas se integran en el ordenamiento jurídico y, en otros muchos casos, se trata de costumbres o tradiciones desarrolladas en diferentes ámbitos de la sociedad, pero sin respaldo jurídico.

Contenido

2.1. Legislación de protocolo y ceremonial del Estado, académico y religioso

La principal legislación aplicable a nivel estatal en materia de protocolo es la siguiente:

- Real Decreto 979/2015, de 30 de octubre, por el que se crean el Guion y el Estandarte de Su Alteza Real la Princesa de Asturias, y se modifica el Reglamento de Banderas y Estandartes, Guiones, Insignias y Distintivos, aprobado por Real Decreto 1511/1977, de 21 de enero. BOE 31-10-2015
- Real Decreto 927/2015, de 16 de octubre, por el que se concede el uso de la bandera de España a la Policía Nacional. BOE 17-10-2015
- Real Decreto 470/2015, de 11 de junio, por el que se revoca la atribución a Su Alteza Real la Infanta Doña Cristina de la facultad de usar el título de Duquesa de Palma de Mallorca. BOE 12-06-2015
- Real Decreto 527/2014, de 20 de junio, por el que se crea el Guion y el Estandarte de Su Majestad el Rey Felipe VI y se modifica el Reglamento de Banderas y Estandartes, Guiones, Insignias y Distintivos, aprobado por Real Decreto 1511/1977, de 21 de enero. BOE 21-06-2014
- Real Decreto 684/2010, de 20 de mayo, por el que se aprueba el Reglamento de Honores Militares. BOE 22-05-2010
- Acuerdo de 23 de noviembre de 2005, del Pleno del Consejo General del Poder Judicial, por el que se aprueba el Reglamento 2/2005, de honores, tratamientos y protocolo en los actos judiciales solemnes. BOE 19-12-2005
- Real Decreto 284/2001, de 16 de marzo, por el que se crea el Guion y el estandarte de Su Alteza Real el Príncipe de Asturias, y se modifica el Reglamento de Banderas y Estandartes, Guiones, Insignias y Distintivos, aprobado por Real Decreto 1511/1977, de 21 de enero. BOE 17-03-2001
- Real Decreto 2396/1998, de 6 de noviembre, por el que se aprueba el Reglamento de la Orden del Mérito Civil. BOE 19-08-1994
- Real Decreto 1560/1997, de 10 de octubre, por el que se regula el Himno Nacional. BOE 11-10-1997
- Real Decreto 1502/1997, de 26 de septiembre, por el que se concede, con carácter vitalicio, la facultad de usar el título de Duquesa de Palma de Mallorca a Su Alteza Real la Infanta Doña Cristina. BOE 27-09-1997
- Real Decreto 862/1997, de 6 de junio, por el que se regulan los actos conmemorativos del Día de la Fiesta Nacional de España, en el ámbito del Ministerio de Defensa. BOE 25-06-1997

- Real Decreto 405/1992, de 24 de abril, por el que se regula el Estatuto de los Ex Presidentes del Gobierno. BOE 04-05-1992
- Real Decreto 1368/1987, de 6 de noviembre, sobre régimen de títulos, tratamientos y honores de la Familia Real y de los Regentes. BOE 12-11-1987
- Ley 18/1987, de 7 de octubre, que establece el día de la Fiesta Nacional de España en el 12 de octubre. BOE 08-10-1987
- Real Decreto 2099/1983, de 4 de agosto, por el que se aprueba el Ordenamiento General de Precedencias en el Estado. BOE: 08-08-1983
- Real Decreto 2267/1982, de 3 de septiembre, por el que se especifican técnicamente los colores del Escudo de España. BOE 15-09-1982
- Real Decreto 2964/1981, de 18 de diciembre, por el que se hace público el modelo oficial del Escudo de España. BOE 19-12-1981
- Real Decreto 3217/1981, de 27 de noviembre, por el que se establecen normas para la celebración del 12 de octubre, Fiesta Nacional de España y Día de la Hispanidad. BOE 01-01-1982
- Ley 39/1981, de 28 de octubre, por la que se regula el uso de la bandera de España y el de otras banderas y enseñas. BOE: 12-11-1981
- Ley 33/1981, de 5 de octubre, del Escudo de España. BOE 19-10-1981
- Real Decreto 441/1981, de 27 de febrero, por el que se especifican técnicamente los colores de la Bandera de España. BOE 16-03-1981
- Real Decreto 707/1979, de 5 de abril, por el que se establece la fórmula de juramento en cargos y funciones públicas. BOE 06-04-1979
- Real Decreto 2157/1977, de 23 de julio, por el que se crea el distintivo de la Casa de su Majestad el Rey. BOE 15-09-1977
- Real Decreto 1511/1977, de 21 de enero, por el que se aprueba el Reglamento de Banderas y Estandartes, Guiones, Insignias y Distintivos. BOE 01-07-1977

2.2. Ceremonial y protocolo institucional aplicado a eventos de empresas

Las empresas organizan numerosos actos en especial las grandes empresas , en los que en ocasiones participan otras empresas y, otras veces, también pueden participar, como invitados, autoridades políticas en representación de la Administración Estatal, de una Comunidad Autónoma, de la Administración

Local o de cualquier otra institución pública. En estos casos, es posible emplear como base alguna ley o decreto proveniente del protocolo oficial, pero no es obligatorio. El anfitrión-organizador del acto es el que determina las formas de actuación y adopta los criterios que considera más convenientes para tenga éxito el acto o evento en cuestión.

En tanto en cuanto sea posible, se respetará el orden de prelación de las autoridades que se encuentren presentes en el acto, de acuerdo a las normas ya mencionadas previamente, procediendo a intercalar autoridades públicas y directivos de la empresa.

Los eventos que la empresa desarrolle se presidirán por la más elevada jerarquía de la misma, si bien, en caso de que esté presente una autoridad del máximo rango, se procederá a cederle la presidencia o bien a organizar una presidencia compartida, en cuyo caso, la autoridad presente y el máximo representante de la empresa ocuparán las dos posiciones centrales, reservándose para la autoridad pública la posición derecha.

En lo que hace referencia a las banderas, pueden emplearse exclusivamente las de la empresa, si bien en el caso de que estén presentes autoridades de alto rango, las banderas oficiales pueden ser colocadas de las de la empresa. Las oficiales se situarán a la derecha de la presidencia, estando alineadas detrás de la misma y la de la empresa a la izquierda de la presidencia.

2.3. Normas y usos habituales en actos protocolarios

Se define por parte de algunos autores el protocolo como la disciplina que, empleando realismo, técnica y arte, construye las estructuras o formas bajo las que se lleva a cabo una actividad humana pluripersonal e importante; con el objetivo de realizarlo eficazmente y, en último lugar, de mejorar la convivencia social.

2.3.1. Decoración y elementos escenográficos

En la actualidad se viven importantes desafíos en la integridad de los ámbitos de la vida cotidiana y, evidentemente, el ámbito del protocolo y el ceremonial no se encuentra ajeno a esta evolución. Si bien es posible que no se modifiquen las normas de Derecho positivo, pero sí que el entorno de los actos se está modificando buscando ámbitos cada vez más innovadores, empleando tecnologías que generan efectos impensables hasta hace algunos años y en modificando la ambientación de los mismos.

A ello se debe que para poder decidir o pensar sobre cuál es la ambientación que se desea darle a un evento han de definirse el tipo de acto que desea organizarse, el aspecto del mismo que desea resaltarse. La idea clave es que el público se encuentre cómodo, no solo en base a la calidad de los asientos empleados, sino de la totalidad del entorno que rodea a ese acto.

De acuerdo con el Diccionario de la RAE, pueden incluirse una serie de definiciones:

Ambientar: proporcionar un ambiente adecuado mediante decoración, luces, objetos, etc.

Decorar: adornar o hermosear una cosa o un sitio.

Escenografía: arte de proyectar o realizar decoraciones escénicas y también un conjunto de decorados o circunstancias que rodean un hecho, actuación, etc.

Las inauguraciones son algunos de los actos empresariales que requieren una organización más detallada desde el punto de vista del protocolo.

Inauguración.

Si el evento se lleva a cabo en la sede de una institución, organismo, establecimiento educativo o empresa, es preciso observar todas las instalaciones, conocer su arquitectura para posteriormente estudiar y decidir el ámbito más adecuado para desarrollar el evento.

Ello supone conocer colores y texturas de cada uno de los ambientes, las cortinas, las ventanas, si se dispone o no de luz natural y la forma en que ello puede influir en el evento que se va a organizar, cómo suman o no todos estos detalles. Si, además de lo citado, se dispone de medios informáticos y audiovisuales, el acto puede incrementar su interés.

En décadas anteriores muchos eventos se llevaban a cabo puertas adentro y el único registro que perduraba eran las fotografías del mismo, pero hoy en la actualidad además se dispone de las grabaciones en imagen y sonido y en los actos más importantes los medios de comunicación tales como la televisión registran en detalle los momentos más relevantes de dichos eventos, por lo que es preciso cuidar esos aspectos al máximo.

Los escenarios permiten transmitir la fuerza del lenguaje a la integridad de los asistentes, pero en la actualidad se genera un impacto tanto en los asistentes en vivo y en directo como en los que lo observan empleando medios audiovisuales. Con frecuencia un escenario puede impactar a los presentes por las tradiciones que atesora el lugar, por las situaciones vividas en dicho sitio, por el tipo de arquitectura que recuerda una concreta época de la historia, pero en ocasiones y en función del acto a desarrollar puede resultar excesiva majestuosidad para el momento.

La tendencia actual es intentar realizar actos sencillos. No obstante, a veces resulta difícil localizar lugares adecuados y estas son las situaciones en las que se presenta la dualidad entre modernidad y tradición. Pero dado la necesidad de tener presentes los medios audiovisuales, en muchas ocasiones será preferible un lugar más sencillo, pero que disponga de facilidades para emplear la tecnología más actual.

Las ambientaciones se realizarán en función de los espacios de los que se disponga. Estas pueden ser:

- Fijas: se trata de los espacios predeterminados con estructuras y decoraciones previamente establecidas en los que pueden efectuarse limitadas modificaciones. Cuando pertenecen a empresas, organismos o instituciones en general cuentan con ambientaciones que los representan bien por los colores institucionales o determinados elementos.
- Polivalentes: son frecuentemente los más apropiados para desarrollar cualquier tipo de actos. Dado que la ambientación será apropiada al acto a realizar, puede tratarse de actos sencillos u otros más lujosos. Disponen de mobiliario o estructuras susceptibles de adaptación, frecuentemente sin columnas o elementos que puedan interrumpir la visibilidad y por ello plenamente utilizables. Se trata de lugares con correcta ventilación y diversos accesos lo que los transforman en lugares muy cómodos.
- Efímeras: son los espacios que se emplean para distintos eventos, pero no son espacios específicos. Estos pueden ser museos, estaciones de metro

o de tren empleadas para conciertos o exposiciones temporales. Tras finalizar el acto y desmontar las estructuras empleadas, estos lugares continúan con su funcionamiento normal. Otro tipo de espacio efímero son las carpas que se instalan al aire libre para eventos tales como bodas, fiestas en general, exposiciones, actos deportivos, desfiles de moda, o la inauguración de edificios.

Tanto los espacios polivalentes como los efímeros habrán de encontrarse ambientados empleando una decoración que atienda a los objetivos propuestos, para lo que será preciso informar al proveedor correspondiente la categoría y la simbología que se requiere para que el acto pueda transmitir el mensaje deseado.

Cuando se recurre a la arquitectura efímera han de valorarse elementos tales como la rapidez del montaje y desmontaje de las instalaciones, el coste, la facilidad de transporte, el cumplimiento con la normativa aplicable, la seguridad, los accesos y la iluminación.

Factores que contribuyen a ofrecer una ambientación correcta:

- Colores: comunican estados de ánimo. Con ellos pueden expresarse humor, temperamento, imaginación y sentimientos.
- Textura: es el aspecto externo que presentan las superficies y ofrece información acerca del material con el que están realizadas. Pueden ser naturales, artificiales o visuales.
- Luz: pudiendo ser natural y/o artificial. La iluminación es un factor fundamental en toda decoración por ofrecer condiciones de visibilidad o de seguridad. La iluminación artificial es requerida si no hay luz natural y puede realizarse con la ayuda de focos o lámparas que generan claroscuros en función de las necesidades. Además, la luz puede ser aportada por otros elementos tales como una escultura bien iluminada en un lugar sombrío o la ubicación de un bien iluminado arreglo floral en el lugar adecuado. Una opción muy empleada son los faroles y antorchas en el exterior.
- Olores: evocan sentimientos, sensaciones y recuerdos. En eventos puede tratarse de un elemento muy válido para recrear un ambiente determinado, generar un impacto y hacer que la experiencia perdure en la memoria de las personas que asisten al acto.
- Sabores: ofrecidos por el *catering*. Se trata de un punto importante dentro de la ambientación, es el complemento de numerosos actos, desde el vino de honor a un bufé, una recepción o una cena de gala. Todo queda grabado en el recuerdo de todos los asistentes, por eso es importante considerar ciertos detalles:

— Las tradiciones gastronómicas.

— El tipo de comida en función de la hora del día y el tipo de acto.

— La estación del año, o si se realiza el acto por la mañana o por la noche.

— Los distintos tipos de invitados y sus particularidades personales.

— El servicio y decoración de las mesas ha de integrarse con el resto del ambiente.

— Es preciso en el momento de la comida disponer de un espacio que invite a la comunicación entre los asistentes, que se sientan cómodos. Un planeamiento incorrecto puede echar a perder un acto.

— Centros de mesas: es la parte de la decoración de la sala que los invitados ven la mayor parte del tiempo que dure el acto. Es un elemento clave para dotar de color y vitalidad al evento. Evidentemente, debe coincidir con el tono y estilo del resto de la ambientación. Teniendo presente estos factores:

  - Flores sin aroma.
  - Tamaño adecuado a la mesa y al número de comensales.
  - Con una altura que facilite la visión entre las personas.
  - Si se colocan velas, será en eventos nocturnos y se encontrarán encendidas.
  - Recipientes para las flores adecuados según el estilo.
  - Existen numerosos elementos, además de las flores que pueden ser empleados para el centro de mesa. Entre ellos pueden citarse: semillas, piñas, corteza, bayas de arbustos o árboles y hojas en diversos colores, tamaños y formas, velas solas o flotando sobre agua. Los candelabros y las lámparas, ayudan a construir una iluminación agradable y cálida.

2.3.2. Disposición de autoridades

Los actos oficiales se clasifican en:

- Actos de carácter general, que son todos aquellos que se organicen por la Corona, Gobierno o la Administración del Estado, Comunidades Autónomas o Corporaciones Locales, con ocasión de conmemoraciones o acontecimientos nacionales, de las autonomías, provinciales o locales.

- Actos de carácter especial, que son los organizados por determinadas instituciones, organismos o autoridades, con ocasión de conmemoraciones o acontecimientos propios del ámbito específico de sus respectivos servicios, funciones y actividades.

Los actos serán presididos por la autoridad que los organice. En caso de que dicha autoridad no ostentase la presidencia, ocupará lugar inmediato a la misma.

La distribución de los puestos de las demás autoridades se hará según las precedencias que regula el Real Decreto 2099/1983, alternándose a derecha e izquierda del lugar ocupado por la presidencia.

Si concurrieran varias personas del mismo rango y orden de precedencia, prevalecerá siempre la de la propia residencia.

La precedencia en los actos oficiales de carácter general organizados por la Corona, el Gobierno o la Administración del Estado se ajustará a las prescripciones del Real Decreto 2099/1983.

En los actos oficiales de carácter general organizados por las Comunidades Autónomas o por la Administración Local, la precedencia se determinará prelativamente, de acuerdo con lo dispuesto en el Real Decreto 2099/1983, por su normativa propia y, en su caso, por la tradición o costumbre inveterada del lugar.

Se respetará la tradición inveterada del lugar cuando, en relación con determinados actos oficiales, hubiere asignación o reserva en favor de determinados entes o personalidades.

La precedencia en los actos oficiales de carácter especial se determinará por quien los organice, de acuerdo con su normativa específica, sus costumbres y tradiciones y, en su caso, con los criterios establecidos en el Real Decreto 2099/1983.

Los actos militares serán organizados por la autoridad de las Fuerzas Armadas que corresponda, y en ellos se estará a lo dispuesto en el Reglamento de Actos y Honores Militares y demás disposiciones aplicables.

Las autoridades de la Armada con insignia a flote, cuando concurran a actos oficiales de carácter general que se celebren en la ciudad donde se encuentren los buques de guerra, serán debidamente clasificadas, según su rango, por la autoridad que organice el acto.

El régimen general de precedencias se distribuye en tres rangos de ordenación: el individual o personal, el departamental y el colegiado.

- El individual regula el orden singular de autoridades, titulares de cargos públicos o personalidades.

- El departamental regula la ordenación de los Ministerios.
- El colegiado regula la prelación entre las Instituciones y Corporaciones cuando asistan a los actos oficiales con dicha presencia institucional o corporativa, teniendo así carácter colectivo y sin extenderse a sus respectivos miembros en particular.

  La persona que represente en su cargo a una autoridad superior a la de su propio rango no gozará de la precedencia reconocida a la autoridad que representa y ocupará el lugar que le corresponda por su propio rango, salvo que ostente expresamente la representación de Su Majestad el Rey o del Presidente del Gobierno.
- Actos en la villa de Madrid, en su condición de capital del Estado y sede de las Instituciones generales:

  En los mismos regirá la precedencia siguiente:

  1. Rey o Reina.
  2. Reina consorte o Consorte de la Reina.
  3. Príncipe o Princesa de Asturias.
  4. Infantes de España.
  5. Presidente del Gobierno.
  6. Presidente del Congreso de los Diputados.
  7. Presidente del Senado.
  8. Presidente del Tribunal Constitucional.
  9. Presidente del Consejo General del Poder Judicial.
  10. Vicepresidentes del Gobierno, según su orden.
  11. Ministros del Gobierno, según su orden.
  12. Decano del Cuerpo Diplomático y Embajadores extranjeros acreditados en España.
  13. Expresidentes del Gobierno.
  14. Presidentes de los Consejos de Gobierno de las Comunidades Autónomas, según su orden.
  15. Jefe de la Oposición.
  16. Alcalde de Madrid.
  17. Jefe de la Casa de Su Majestad el Rey.

18. Presidente del Consejo de Estado.
19. Presidente del Tribunal de Cuentas.
20. Fiscal general del Estado.
21. Defensor del Pueblo.
22. Secretarios de Estado, según su orden, y Presidente de la Junta de Jefes de Estado Mayor y Jefes de Estado Mayor de los Ejércitos de Tierra, Mar y Aire.
23. Vicepresidentes de las Mesas del Congreso de los Diputados y del Senado, según su orden.
24. Presidente del Consejo Supremo de Justicia Militar.
25. Delegado del Gobierno en la Comunidad Autónoma de Madrid.
26. Capitán General de la Primera Región Militar, Almirante Jefe de la Jurisdicción Central de Marina y Teniente General Jefe de la Primera Región Aérea.
27. Jefe del Cuarto Militar y Secretario general de la Casa de Su Majestad el Rey.
28. Subsecretarios y asimilados, según su orden.
29. Secretarios de las Mesas del Congreso de los Diputados y del Senado, según su orden.
30. Presidente de la Asamblea Legislativa de la Comunidad Autónoma de Madrid.
31. Encargados de Negocios Extranjeros acreditados en España.
32. Presidente del Instituto de España.
33. Jefe de Protocolo del Estado.
34. Directores generales y asimilados, según su orden.
35. Consejeros de Gobierno de la Comunidad Autónoma de Madrid.
36. Miembros de la Mesa de la Asamblea Legislativa de la Comunidad Autónoma de Madrid.
37. Presidente y Fiscal del Tribunal Superior de Justicia de la Comunidad Autónoma de Madrid.
38. Diputados y Senadores por Madrid.
39. Rectores de las Universidades con sede en Madrid, según la antigüedad de la Universidad.

40. Gobernador militar de Madrid.

41. Tenientes de Alcalde del Ayuntamiento de Madrid.

La precedencia interna de los altos cargos de la Presidencia del Gobierno se determinará por dicha Presidencia.

La ordenación de los Ministros, Secretarios de Estado, Subsecretarios y Directores generales, así como de sus asimilados, se hará atendiendo al orden de Ministerios.

La ordenación de autoridades dependientes de un mismo Ministerio se hará por el Ministerio respectivo.

- Actos en el territorio propio de una Comunidad Autónoma:

  En este tipo de actos regirá la precedencia siguiente:

  1. Rey o Reina.
  2. Reina consorte o Consorte de la Reina.
  3. Príncipe o Princesa de Asturias.
  4. Infantes de España.
  5. Presidente del Gobierno.
  6. Presidente del Congreso de los Diputados.
  7. Presidente del Senado.
  8. Presidente del Tribunal Constitucional.
  9. Presidente del Consejo General del Poder Judicial.
  10. Vicepresidentes del Gobierno, según su orden.
  11. Presidente del Consejo de Gobierno de la Comunidad Autónoma.
  12. Ministros del Gobierno, según su orden.
  13. Decano del Cuerpo Diplomático y Embajadores extranjeros acreditados en España.
  14. Expresidentes del Gobierno.
  15. Presidentes de los Consejos de Gobierno de otras Comunidades Autónomas.
  16. Jefe de la Oposición.
  17. Presidente de la Asamblea Legislativa de la Comunidad Autónoma.
  18. Delegado del Gobierno en la Comunidad Autónoma.

19. Alcalde del municipio del lugar.
20. Jefe de la Casa de Su Majestad el Rey.
21. Presidente del Consejo de Estado.
22. Presidente del Tribunal de Cuentas.
23. Fiscal general del Estado.
24. Defensor del Pueblo.
25. Secretarios de Estado, según su orden, y Presidente de la Junta de Jefes de Estado Mayor y Jefes de Estado Mayor de los Ejércitos de Tierra, Mar y Aire.
26. Vicepresidentes de las Mesas del Congreso de los Diputados y del Senado, según su orden.
27. Presidente del Consejo Supremo de Justicia Militar.
28. Capitán General de la Región Militar, Capitán General y Comandante General de la Zona Marítima, Jefe de la Región o Zona Aérea y Comandante General de la Flota, según su orden.
29. Jefe del Cuarto Militar y Secretario general de la Casa de Su Majestad el Rey.
30. Consejeros de Gobierno de la Comunidad Autónoma, según su orden.
31. Miembros de la Mesa de la Asamblea Legislativa de la Comunidad Autónoma.
32. Presidente y Fiscal del Tribunal Superior de Justicia de la Comunidad Autónoma.
33. Subsecretarios y asimilados, según su orden.
34. Secretarios de las Mesas del Congreso de los Diputados y del Senado, según su orden.
35. Encargados de Negocios Extranjeros acreditados en España.
36. Presidente del Instituto de España.
37. Jefe de Protocolo del Estado.
38. Gobernador civil de la provincia donde se celebre el acto.
39. Presidente de la Diputación Provincial, Mancomunidad o Cabildo Insular.
40. Directores generales y asimilados, según su orden.

41. Diputados y Senadores por la provincia donde se celebre el acto.
42. Rectores de Universidad en cuyo distrito tenga lugar el acto, según la antigüedad de la Universidad.
43. Delegado insular del Gobierno, en su territorio.
44. Presidente de la Audiencia Territorial o Provincial.
45. Gobernador militar y Jefes de los Sectores Naval y Aéreo.
46. Tenientes de Alcalde del Ayuntamiento del lugar.
47. Comandante militar de la plaza, Comandante o Ayudante militar de Marina y Autoridad aérea local.
48. Representantes consulares extranjeros.

2.3.3. Uso de símbolos oficiales: banderas, himnos, logotipos e imágenes de empresa

- Uso de banderas:

  La bandera de España deberá ondear en el exterior y ocupar el lugar preferente en el interior de todos los edificios y establecimientos de la Administración central, institucional, autonómica, provincial o insular y municipal del Estado.

  La bandera de España será la única que ondee y se exhiba en las sedes de los órganos constitucionales del Estado y en la de los órganos centrales de la Administración del Estado.

  La bandera de España será la única que ondee en el asta de los edificios públicos militares y en los acuartelamientos, buques, aeronaves y cualesquiera otros establecimientos de las Fuerzas Armadas y de las Fuerzas de Seguridad del Estado.

  La bandera de España, así como el escudo de España, se colocará en los locales de las misiones diplomáticas y de las oficinas consulares, en las residencias de sus Jefes y, en su caso, en sus medios de transporte oficial.

  La bandera de España se enarbolará como pabellón en los buques, embarcaciones y artefactos flotantes españoles, cualquiera que sea su tipo, clase o actividad, con arreglo a lo que establezcan las disposiciones y usos que rigen la navegación.

  En las Comunidades Autónomas, cuyos Estatutos reconozcan una bandera propia, esta se utilizará juntamente con la bandera de España en todos los edificios públicos civiles del ámbito territorial de aquella, en los términos de lo dispuesto en el artículo sexto de la presente ley.

Cuando los Ayuntamientos y Diputaciones o cualesquiera otras Corporaciones públicas utilicen sus propias banderas, lo harán junto a la bandera de España en los términos de lo establecido en el artículo siguiente.

Cuando se utilice la bandera de España ocupará siempre lugar destacado, visible y de honor.

Si junto a ella se utilizan otras banderas, la bandera de España ocupará lugar preeminente y de máximo honor y las restantes no podrán tener mayor tamaño.

Se entenderá como lugar preeminente y de máximo honor:

— Cuando el número de banderas que ondeen juntas sea impar, la posición central.

— Si el número de banderas que ondeen juntas es par, de las dos posiciones que ocupan el centro, la de la derecha de la presidencia si la hubiere o la izquierda del observador.

Cuando la bandera de España deba ondear junto a la de otros Estados o naciones lo hará de acuerdo con las normas y usos internacionales que rigen esta materia en las relaciones entre Estados, así como con las disposiciones y reglamentos internos de las organizaciones intergubernamentales y las conferencias internacionales.

Se prohíbe la utilización en la bandera de España de cualesquiera símbolos o siglas de partidos políticos, sindicatos, asociaciones o entidades privadas.

- Uso del himno:

El himno nacional de España se interpretará de acuerdo con las siguientes directrices:

— Constará técnicamente de una frase de dieciséis compases, dividida en dos secciones, cada una de las cuales tendrá cuatro compases repetidos. La indicación metronómica será de negra igual a setenta y seis y la tonalidad de Si b mayor. Sus duraciones serán de cincuenta y dos segundos para la versión completa y de veintisiete segundos para la versión breve.

— Se entenderá por versión breve la interpretación de los cuatro compases de cada sección, sin repetición.

— El himno nacional de España, en cualquiera de sus dos versiones, se interpretará siempre íntegramente y una sola vez.

El himno nacional será interpretado, cuando proceda:

— En versión completa:

- En los actos de homenaje a la Bandera de España.
- En los actos oficiales a los que asista Su Majestad el Rey o Su Majestad la Reina.
- En los actos oficiales a los que asista la Reina consorte o el consorte de la Reina.
- En los demás actos previstos en el Reglamento de Honores Militares.

— En versión breve:

- En los actos oficiales a los que asistan Su Alteza Real el Príncipe de Asturias, Su Alteza Real la Princesa de Asturias o Sus Altezas Reales los Infantes de España.
- En los actos oficiales a los que asista el Presidente del Gobierno.
- En los actos deportivos o de cualquier otra naturaleza en los que haya una representación oficial de España.
- En los demás casos previstos en el Reglamento de Honores Militares.

De acuerdo con la costumbre y usos protocolarios habituales, cuando las Personas Reales o Autoridades a que se ha hecho mención asistan a actos oficiales de carácter general, organizados por una Comunidad Autónoma o Corporación Local, siempre que la naturaleza del acto requiera la interpretación del himno nacional, esta se realizará de acuerdo con los siguientes criterios:

— Cuando al iniciarse el acto esté prevista la ejecución de los himnos oficiales de las Comunidades Autónomas o de las Corporaciones Locales, el himno nacional de España se interpretará en primer lugar.

— En los casos en que esté prevista la ejecución de los expresados himnos al finalizar el acto, el himno nacional de España se interpretará en último lugar.

En los actos y visitas oficiales de carácter internacional celebrados en territorio español, cuando deban ejecutarse himnos nacionales, se interpretarán, en primer lugar, los himnos extranjeros y después el himno nacional de España. En las despedidas, se interpretarán en orden inverso. Igual orden se observará en las visitas oficiales de buques de guerra extranjeros.

En puertos extranjeros, a bordo de los buques de la Armada, se interpretará en primer lugar el himno nacional de España y a continuación el de la nación anfitriona.

En todo caso, la interpretación de himnos nacionales extranjeros irá acompañada siempre del himno nacional de España.

2.3.4. Orden de intervenciones y jerarquía

Al configurar la presidencia hay que considerar una serie de aspectos:

- La presidencia otorga el mayor honor a la persona que la ejerce, al cual le corresponde la dirección del acto.
- El lado derecho es considerado el lugar de honor.
- La presidencia del acto corresponde al máximo representante, aunque puede ser cedida.
- Los actos internos de la empresa no obligan a cumplir las normas de protocolo oficial, si bien cuando asistan autoridades habrán de tenerse presente estos extremos:
  - — Acatar las normas incluidas en el Real Decreto 2099/83.
  - — El anfitrión cederá la presidencia a la autoridad que ostente un rango superior y pasa a ocupar su izquierda.
  - — Es igualmente posible recurrir a aplicar una doble presidencia (de los dos puestos centrales la derecha será ocupada por la autoridad y la izquierda se encontrará ocupada por el máximo representante de la empresa).
  - — La presidencia del acto no debe estar integrada por un número excesivo de personas, siete personas es el número máximo recomendado.
  - — En reunión de comida, si la mesa tiene formato rectangular, el lugar principal es el central, situado frente a la puerta, la de enfrente corresponde a la segunda presidencia.

Reglas generales sobre precedencias:

- Actos corporativos propios de la empresa: se cumplirá lo establecido en los estatutos internos.
- Actos corporativos externos: habrán de seguirse reglas propias y las de las demás empresas asistentes, reconociendo la igualdad y reciprocidad de trato entre las empresas, las normas de protocolo aplicables serán deter-

minadas por el anfitrión (por lo cual puede ordenar conforme a su propio criterio a los invitados, si bien para las autoridades se aplicará en todo caso el ordenamiento reglamentario).

Configuración de presidencias en los actos corporativos externos:

- Presidencia: corresponde al representante de mayor nivel de la organización anfitriona (pudiendo ser cedida).
- Alternan cargos de una y otra empresa de acuerdo a su respectivo orden de precedencia.
- En el caso de que exista un número elevado de representantes se diseñará una presidencia reducida.
- Si asiste autoridad de gran relevancia, debe presidir el acto (izquierda para el anfitrión; derecha para el máximo representante de la empresa invitada).

Precedencia por circunstancia personales:

Para establecer un orden de prelación correcto deben considerarse, adicionalmente, ciertos parámetros de carácter personal que corresponden a las personas y pueden pertenecerles de forma permanente:

- Títulos académicos o administrativos.
- Títulos nobiliarios o condecoraciones.
- Cualidades o méritos científicos, culturales, literarios o artísticos.

Ordenación protocolaria de las presidencias:

- Presidencia en ordenación en alternancia (3 1 P 2 4).
- Presidencia en ordenación lineal (5 4 3 2 1 Autoridad /placa Atril 1 2 3 4 5).
- Presidencia en sistema mixto: existe una mesa presidencial (ordenada en alternancia de derecha a izquierda) y unas filas laterales (ordenación en línea, empezando por el asiento más cercano a la presidencia).

El protocolo de los invitados:

- En los actos de pie en que existe un número relevante de invitados en torno a un punto determinado, bien sea una presidencia o un escenario, y los invitados han de permanecer de pie, o es factible determinar una ordenación rígida del público, ya que no es factible cumplirlo y muy complicado exigir la permanencia en un sitio.
- Suelen ser organizados actos de pie cuando forman parte de un programa más amplio que exige el paso por diferentes emplazamientos o locales.

Existen otros tipos de actos de pie que no cuentan con una presidencia claramente definida, como el supuesto del descubrimiento de una placa conmemorativa.

2.3.5. Atención a invitados y acompañantes

Una misión básica del anfitrión es la recepción de sus invitados. En protocolo hay un principio básico y es que todo invitado tiene que ser recibido. En unas ocasiones será la máxima autoridad o jerarquía de la institución o empresa anfitriona, y en otras será un representante del mismo. Ello estará en función del rango del invitado y del tratamiento o cortesía que se desee otorgar.

En los actos y las visitas oficiales se tenderá a encontrar un equilibrio jerárquico entre la persona que recibe y el invitado, no siendo adecuado que la que reciba cuente con un rango muy superior en relación con el invitado. En este supuesto, es habitual que el anfitrión designe a una persona (su jefe de gabinete, un director de servicio, responsable de protocolo, un secretario, etc.) para que proceda a recibirla en su nombre, encargándose el propio anfitrión de cumplimentar a su llegada a los invitados de rango más elevado (autoridades o invitados especiales). Es habitual que el anfitrión presente a sus colaboradores más directos, a los patrocinadores del evento que se está desarrollando y a los representantes más relevantes de las instituciones públicas o entidades privadas que están presentes en el evento. En un recibimiento a una autoridad pública, el mismo sigue un concreto ceremonial que incluye la disposición de las líneas de saludo.

El anfitrión se sitúa el primero y, a continuación, el resto de los integrantes de su equipo (los concejales en el supuesto de un Ayuntamiento, los consejeros en el caso del presidente de una Comunidad Autónoma, o los miembros del consejo de administración si se trata del presidente de una empresa o entidad privada). Este saludo se realiza, habitualmente, en la puerta de la calle o el vestíbulo de acceso al edificio donde se desarrolle el evento.

En estos saludos oficiales a las altas autoridades, previa a la bienvenida por parte del anfitrión, es frecuente que se produzca un recibimiento de las primeras autoridades (salvo que ya se haya producido el saludo en otro lugar, como, por ejemplo, en el aeropuerto o en un acto previo), por lo que se diseñan dos líneas de saludo: la oficial (autoridades que deben ser cumplimentadas en función de su cargo), que se lleva a cabo en el exterior del edificio, y la de los anfitriones (en el edificio o igualmente en el exterior, pero cercanos a la puerta de acceso y a continuación de la primera línea de saludo).

Son muy diversas las funciones que ha de desarrollar un anfitrión en un acto. Las mismas pasan por el correcto cumplimiento de las finalidades propuestas, el trato cordial a los invitados, la permanente atención a estos, el cumplimiento preciso del programa establecido, el respeto hacia todos los invitados y sus circunstancias personales, la integración de todos ellos y la facilitación de las relaciones públicas y el conocimiento entre las personas que asisten al acto.

Los discursos pronunciados en las reuniones y eventos
han de ser cuidadosamente redactados.

En el momento de los discursos, el anfitrión es el primero en tomar la palabra, con el objetivo de agradecer la asistencia, explicar las razones para celebrar del acto, presentar al resto de los invitados o, como mínimo, a las personas que le acompañan en la presidencia. En este supuesto, el invitado de honor es quien cerrará la fase de discursos. Si el anfitrión es simultáneamente la máxima autoridad, un representante del propio anfitrión será quien primero intervenga (por ejemplo, el caso de un consejero con respecto al presidente de la empresa) y finalizará el anfitrión, quien en todo momento va concediendo o anunciando las distintas intervenciones en función del orden del día que anteriormente ha sido redactado. En el caso de una comida, el brindis lo realizará el anfitrión, al que puede responderse por parte del invitado de honor. El anfitrión es la persona que marca el inicio del acto y el que, adicionalmente, indica la finalización del mismo, intentando que no se retrase excesivamente y que tampoco se extienda más allá de lo lógico, dado que el tiempo es muy importante para todos. Particularmente en una comida, el tiempo debe medirse con precisión y hay que saber finalizarla a tiempo, dado que puede que no todas las personas se encuentren cómodas en la misma.

El anfitrión, del mismo modo que recibe a los invitados, despide en el mismo sitio o lugar. También remite las invitaciones a los eventos y se ocupa personalmente (asistido por su equipo) de organizar la totalidad de los detalles de los actos. En aquellos eventos de elevada complejidad, es adecuado sugerir al anfitrión que estudie atentamente el programa y los anexos, y que, acompañado por su jefe de protocolo, recorra previamente el lugar de celebración del evento y estudie las acciones que ha de desarrollar. El mejor anfitrión es quien demuestra en todo momento del acto un pleno dominio de la situación.

2.4. Desarrollo de actos y eventos protocolarios

Existen diversos tipos de actos y eventos protocolarios, con distintas características propias y que reciben múltiples denominaciones. Las mismas se encuentran resumidas en el siguiente esquema:

TIPO	CARACTERÍSTICA	DENOMINACIÓN
Corporativos	Organizados por las empresas para motivar y capacitar al personal. Son de carácter obligatorio.	Convenciones, seminarios, juntas, etc.
De asociaciones	Agrupan a miembros de la comunidad que ejercen la misma profesión, actividad, especialidad. Comparten un interés común. La asistencia es voluntaria.	Reuniones anuales.
Empresariales	Organizados por empresas. Pueden ser a nivel local, regional e internacional.	Congresos/conferencias, panel, foros, simposios, etc.
Actos sociales y culturales	Se llevan a cabo marco de las anteriores.	Cocteles, banquetes, bufés, comidas de trabajo (desayunos, almuerzos, cenas).

2.4.1. Incidencias habituales en el desarrollo de actos y eventos

La organización de eventos supone la necesidad de conocer en detalle las técnicas de comunicación y atención al cliente. Evidentemente, cuando los clientes son amables o asertivos, la experiencia de venta será más sencilla, sin embargo, no todos los clientes son así, por lo que corresponde conocer las formas más eficaces para atender a los clientes difíciles.

Los clientes o asistentes difíciles representan un pequeño porcentaje de quienes acudirán a un acto, y conocer las mejores formas de atenderles implicará un aumento en los ingresos para la compañía y en un aumento en la satisfacción del cliente, pues los clientes especiales una vez son atendidos de forma correcta, son fidelizados. Es por tal motivo que los colaboradores, además de saber y manejar técnicas de ventas, de persuasión, manejo del trabajo en equipo y tener empatía, deben agregar un elemento que debe ser potenciado y practicado en su día a día laboral, este es su *capacidad de negociar*, en especial cuando el cliente o asistente es difícil. Para esto es necesario identificar los perfiles de aquellos mal llamados *clientes difíciles*, ya que se consideran como imposibles de satisfacer, para lograr entender que lo que tienen son necesidades especiales.

De forma esquemática, estos son los principales tipos de clientes o asistentes con características especiales y la forma recomendada de actuar ante los mismos:

1. Enfadado

Características	• Carácter irritable, mal humor, impaciencia, mala educación, lenguaje incorrecto. • Este carácter puede deberse a razones personales o a problemas que hayan ocurrido en anteriores experiencias con la entidad financiera que (al menos en su opinión) no hayan sido resueltas de forma correcta.
¿Qué se debe hacer?	• Permitirle hablar el tiempo que necesite, expresando que se entiende su argumentación y manteniendo la calma con independencia de su actitud. • Mantener una posición de escucha activa ante el cliente. • En caso de que la entidad haya cometido un error, deberá reconocerse y ofrecer la solución adecuada en el menor tiempo posible. • No se deben minimizar las razones que exponga para estar enfadado, se sentiría incomprendido y minusvalorado.
¿Qué NO se debe hacer?	• Llevarle la contraria. • Considerar que sus críticas a la entidad financiera son algo personal contra el empleado. • Efectuar comentarios irónicos o que demuestren superioridad frente al cliente. • Ofrecer una situación burocratizada que le dé a entender que no existe una implicación personal en resolver el problema planteado. • Disculpar a la entidad con argumentos no válidos, intentando justificar errores de forma improcedente o negando hechos que son indiscutibles. El cliente se sentiría menospreciado. • No estar a la defensiva, porque indica que no nos hemos involucrado en el problema.

2. Infeliz

Características	• Su actitud es de constante hostilidad hacia cada persona o dependencia de la empresa, lo que no implica que haya habido necesariamente una mala práctica por parte de la entidad. • Es poco comunicativo, no exterioriza lo que opina o siente, lo que dificulta la documentación con el cliente
¿Qué se debe hacer?	• Solicitar al cliente que exprese lo que desea o necesita mediante el planteamiento de preguntas abiertas. El problema planteado será más difícil de solucionar si el cliente no se expresa con claridad. • Mostrar solidaridad con el cliente y sus circunstancias • Exponer las soluciones que se pueden aportar más allá de las dificultades que puedan existir.
¿Qué NO se debe hacer?	• Pretender que se puede cambiar el carácter del cliente, simplemente debe hacerse lo posible para que se sienta cómodo y aporte información. De ese modo se podrá obtener el máximo conocimiento sobre el tema en cuestión. • No presionar al cliente de forma demasiado directa para que exprese sus opiniones, sino que será la calidez y confianza la que consiga incrementar el nivel de confianza.

3. Discutidor

Características	• Buscan defectos en cada uno de los aspectos de la relación que mantienen con la entidad. Tanto el aspecto físico de las oficinas, como los trabajadores, su profesionalidad y trato personal, la calidad y variedad de sus productos. • Los enfrentamientos verbales son muy frecuentes, en muchas ocasiones sin que exista la más mínima razón para los mismos. Pueden llegar a ser realmente desagradables en el trato con los trabajadores de la entidad, exponiendo sus agravios a todas las personas que les sea posible.
¿Qué se debe hacer?	• Emplear la amabilidad como principal elemento de la atención, permaneciendo atentos a lo que esté exponiendo, hablándoles con total tranquilidad y dejándoles que terminen de mostrar sus argumentos. • Destacar los aspectos en los que no exista discrepancia entre entidad y cliente. • Cuidar las formas de manera muy estricta de modo que el cliente no tenga otra razón para mantener su agresividad.
¿Qué NO se debe hacer?	• Considerar que el cliente tiene una actitud personalmente agresiva contra el empleado de forma particular, olvidando que es una actitud permanente del carácter del cliente. No se debe tomar personal la actitud o conducta de este tipo de clientes. • Tratarle del mismo modo que el cliente trata al empleado, dado que se incrementará el conflicto. • Renunciar a ayudarle en base a su carácter conflictivo.

4. Conversador

Características	• Acuden a las entidades financieras con el ánimo no solo, y en muchos casos ni siquiera principalmente, para resolver un asunto financiero, sino que la mayoría del tiempo lo dedican a charlar de materias ajenas a la financiera. • Pueden causar problemas de organización a los trabajadores y al resto de los clientes, dada la tendencia a acaparar el tiempo de trabajo del empleado. Pueden provocar momentos de cierta tensión en situaciones de gran afluencia de público.
¿Qué se debe hacer?	• Dejarle hablar de forma activa de modo que se sienta comprendido, pero, llegado el momento, se le debe expresar de forma directa y cordial que el trabajador tiene otras tareas que abordar o clientes que atender. La forma en la cual se le indique la falta de tiempo ha de ser especialmente cordial y previo agradecimiento de su comunicación y confianza.
¿Qué NO se debe hacer?	• Permitirle que permanezca hablando sin limitarle el tiempo cuando aborda materias no estrictamente profesionales, el hecho de que este tipo de clientes necesiten compartir experiencias personales, tal vez por estar solos en su vida personal, no es razón para su actitud. Debe hacérsele saber que el tiempo que existe para atenderle es limitado por naturaleza y que otros clientes podrían sentirse insatisfechos si siguiesen hablando. • No interrumpirle ante el temor de que pueda sentirse molesto por hacerle presente la necesidad de limitar tiempo y temas de conversación.

5. Retraído

Características	• Le cuesta mucho expresar cuáles son sus necesidades o qué informaciones necesita. Es habitual que ni siquiera lo tenga claro, o que le suponga un gran esfuerzo el verbalizarlo. • Puede dar lugar a la duda acerca de si tiene algún problema personal o con la entidad o si simplemente no les grato expresar sus inquietudes.
¿Qué se debe hacer?	• Tener paciencia especialmente cuando las pausas en la conversación sean más amplias de lo socialmente admitido como normal. • Se le plantearán preguntas de forma que la respuesta sea básicamente abierta y se ve en la necesidad de exponer lo que quiere o desea. Preguntas de respuesta cerrada supondrían mayor dificultad aún para la comunicación con el cliente.
¿Qué NO se debe hacer?	• Crear un clima en que el cliente se sienta incómodo, bien porque se le presenten excesivas alternativas o porque se le haga sentir que no se puede comunicar con él de forma adecuada porque no aporta información a la entidad. Eso haría que se retrajese aún más.

6. Permanentemente en queja

Características	• Siempre busca las razones, existentes o no, relevantes o no, para exponer sus quejas acerca de la baja calidad del servicio o del producto. Los datos objetivos del buen servicio o producto ofrecido no son suficientes para evitar esa actitud. • Puede llegar a crear situaciones de tensión ante su permanente crítica y falta de reconocimiento de los esfuerzos hechos por la entidad para mejorar su relación con los clientes.
¿Qué se debe hacer?	• Hay que escucharle de forma que se sienta respetado y evitando así una nueva excusa para quejarse de la falta de atención del personal. • Las quejas han de ser atendidas en función de la objetividad de las mismas, diferenciando las que son reales y ofrecen a la empresa una oportunidad de mejorar la calidad de la prestación de servicios de las que no representan más que una opinión parcial e injustificada de un cliente. • Considerar las quejas objetivas como interesantes, con independencia de que procedan de personas que resultan conflictivas para la entidad.
¿Qué NO se debe hacer?	• Contestarle en su mismo nivel de voz o con su misma actitud, ya que se podría sentir agredido o menospreciado. • Ignorar sus opiniones y dejarle ver que la entidad no aprecia sus opiniones. • Mantener la conversación más allá de lo que la cortesía implicaría incrementar la posibilidad de que aparezcan más conflictos.

7. Ofensivo

Características	• Estos clientes actúan desde una posición de arrogancia en relación a los trabajadores de la entidad, a los que intentan hacer sentir *inferiores* respecto a ellos. • Derivado de este planteamiento inicial, el trato hacia los trabajadores de la entidad puede llegar a ser realmente ofensivo, entrando directamente en el nivel de la grosería.
¿Qué se debe hacer?	• Se le debe solicitar respeto hacia la persona del trabajador, en un tono muy amable, pero a la vez con claridad. • La amabilidad es el argumento más eficaz para tratar con este grupo de clientes, ya que le mostrará el contraste entre su actitud y la que es ofrecida en contraste por parte del empleado de la entidad.
¿Qué NO se debe hacer?	• Actuar con el cliente del mismo modo que él lo hace con los trabajadores de la entidad, toda vez que significaría situarse al mismo nivel que el mismo y de ello no podría surgir ningún aspecto positivo para la imagen de la entidad ni para mejorar la relación comercial con dicho cliente.

8. Exigente

Características	• Si bien la exigencia no debería ser motivo de conflicto, estos clientes la entienden como un concepto que debe aplicársele solo para ellos, requiriendo un trato preferencial respecto del resto de los clientes, que deben ser atendidos con posterioridad a ellos. • Las ideas que tienen sobre un tema han de ser tomadas en cuenta como las más acertadas en dicha materia. Por ello debe actuarse de acuerdo a sus opiniones y parámetros, los únicos válidos según su punto de vista.
¿Qué se debe hacer?	• Hay que escucharle de forma que se sienta respetado y evitando así una nueva excusa para quejarse de la falta de atención del personal. • Usar argumentos de tipo objetivo al dirigirnos a él, evitando entrar en polémicas o enfrentamientos personales. • Mantener la calma y tratarle con el mismo respeto o la misma amabilidad que con los demás clientes, de forma que no perciba que esa exigencia fuera de lugar le aporta réditos.
¿Qué NO se debe hacer?	• Ceder ante sus peticiones que se encuentren fuera de lugar, sentando precedentes para futuras relaciones comerciales. No se debe mostrarse sumiso o asustado. • Actuar con la misma actitud que el cliente para demostrarle que podemos situarnos a su altura. • Permitir que su forma de comportarse altere el carácter del trabajador, generando estrés en el mismo.

9. Indeciso

Características	• Personas con poca confianza en sí mismos y a los que cuesta mucho esfuerzo el tomar una decisión ante la duda de si están obrando o no de firma correcta. Desconfían igualmente del criterio de la persona a la cual están consultando. • Esta indecisión va a implicar que su atención implique mucho tiempo, del que no se dispone. De hecho, por mucho tiempo que se le dedique, nunca desaparecerá ese temor a la equivocación por parte del cliente.
¿Qué se debe hacer?	• Hay que escucharle de forma que se sienta. Evitando presionarle para que se decida en el menor plazo de tiempo posible, lo que implicará actuar con una gran dosis de paciencia. • Ofrecerle el mínimo número de alternativas posibles para que no surjan en él nuevas dudas acerca de qué elegir.
¿Qué NO se debe hacer?	• Plantear muchas opciones al cliente, ya que cada una puede dar lugar a una mayor demora en su atención. • Ejercer presión sobre el cliente para que se decida en un tiempo razonable. • Empatizar en exceso con los problemas para tomar decisiones por parte del cliente.

10. Abusivo

Características	• Se trata de clientes que no se limitan a criticar de forma destructiva, se unen igualmente palabras improcedentes y hasta incluso amenazas o insultos. Sin que, por supuesto, haya mediado ninguna provocación por parte del empleado de la entidad. Su intención es humillar al trabajador. • Puede llegar a las amenazas de represalias de daños físicos o consecuencias laborales.
¿Qué se debe hacer?	• Se deberá hablar al cliente en un tono más bajo del habitual, toda vez que así se logrará que el cliente abusivo reduzca su nivel de voz. • La velocidad con la que se habla al cliente debe ser la habitual, sin que el cliente pueda pensar que el empleado desea terminar de forma rápida la conversación.
¿Qué NO se debe hacer?	• Contestarle en su mismo nivel de voz o con su misma actitud, ya que se podría sentir agredido o menospreciado. • Entrar en su juego de faltar al respeto debido a su interlocutor de forma que se establezca un enfrentamiento verbal.

De la profesionalidad en la organización de un acto depende en gran medida la satisfacción o no del asistente.

La dinámica del conflicto hace referencia a las causas del mismo, a los problemas que se añadieron al mismo, al nivel de enfrentamiento que se alcanzó, a los hechos que han incrementado el conflicto y a los que han limitado sus efectos.

- Las causas del mismo pueden ser variadas, desde un origen profesional hasta uno de tipo personal, aunque desarrollado dentro de la organización empresarial. Con independencia del origen, habrá de analizarse si el conflicto parte de una razón auténtica [actuaciones injustas en la empresa] o de una razón no auténtica [problemas de comprensión, prejuicios ideológicos, comunicación deficiente].

- Problemas añadidos: la existencia de un conflicto provocado por la causa que se trate puede generar de forma adicional problemas tales como enfrentamientos personales entre las personas implicadas, limitaciones o interferencias en la carrera profesional de alguno de los trabajadores que son parte del conflicto.
- Nivel de enfrentamiento: puede tratarse de un conflicto de alta o de baja intensidad en función del grado de enfrentamiento de las partes. En otro plano, la periodicidad del conflicto es un elemento a tener presente. Así, puede ser puntual, cíclico o continuo.
- Hechos que han incrementado el conflicto: enfrentamientos personales, trabajadores o clientes que se han sumado al conflicto tomando parte por uno u otro implicado. Del mismo modo, pueden existir acciones en la empresa que impliquen un incremento del nivel de enfrentamiento, tales como limitaciones o impulsos en los medios técnicos que se ponen a disposición de uno de los vendedores en conflicto o incrementos de su sueldo que pueden generar situaciones de desigualdad.
- Hechos que han limitado el conflicto: actuaciones desarrolladas por la empresa o por alguno de los integrantes del mismo que han reducido los efectos del conflicto, tales como actuaciones de mediación, análisis de la realidad en la que se generó el conflicto o adopción de situaciones que reparasen situaciones de desigualdad.

Los principios fundamentales de los conflictos son los siguientes:

- Todas las personas se ven implicadas en los mismos.
- Son inevitables, ya que son inseparables de las relaciones humanas y profesionales.
- Deben ser comprendidos en su conjunto para lograr una solución satisfactoria para las partes implicadas.
- La solución de un conflicto requiere de un análisis objetivo, alejado de prejuicios personales.

Dado que el conflicto se considera una parte inevitable de las relaciones en el seno de la empresa, corresponderá a la dirección de la empresa o de los equipos comerciales el gestionar los mismos de forma que la resolución de los mismos mejore el ambiente de trabajo y la eficacia y eficiencia del equipo de trabajadores.

2.4.2. Fórmulas de resolución

Cuando una persona manifiesta lo que siente de una forma clara y tranquila, se siente bien consigo misma y se reduce la tensión y los posibles nervios que se encuentren presentes. La asertividad y la ansiedad son valores contrarios, de ese modo, obrar de forma asertiva reduce la ansiedad, ya que se gestionarán las diferentes interacciones con las demás personas de un modo mucho más equilibrada y efectiva. La vía hacia la asertividad es un camino de aprendizaje que, al igual que sucede con la empatía, es más sencillo y rápido de recorrer si se ha sido educado en la potenciación de la misma desde la infancia.

Actuar de una forma asertiva es un reto en numerosas ocasiones, especialmente cuando la persona que va a hacer algo tiene el temor de que ello pueda resultar incómodo para quien va a recibir los efectos de dicho modo de actuar. Evidentemente, si pensamos que la otra persona va a recibir muy positivamente nuestro comportamiento, la situación de tensión previa o esa sensación de reto no estarían presentes en modo alguno.

Aprender a comportarse de modo asertivo implica desarrollar las habilidades sociales precisas para ser expresivos, directos y honestos en la forma de expresarse y actuar, de forma que se incrementará la seguridad en uno mismo y la autoestima, del mismo modo que se incrementa la capacidad de hacer sentir a las demás personas que son valiosos.

En ocasiones se afirma que ser asertivo implica saber cómo han de decirse las cosas o, por otra parte, no permitir que nadie nos avasalle. Son formas correctas de expresarlo siempre que se entiendan como la actitud de solicitar lo que corresponde a cada persona sin que sea preciso situarse por encima de los demás ni dejar de decir lo que se opina o se piensa por temor a como puedan reaccionar otras personas. Por el contrario, si se entendiese que ser asertivo significa actuar de manera egoísta, de forma que se puede decir todo lo que se piense sin pensar en ningún momento como esas palabras puedan afectar a terceras personas, eso sería un grave error de planteamiento. Se trata de actuar de modo que no se caiga en formas de comportamiento agresivas o pasivas, ninguna de las cuales son adecuadas. La persona asertiva se sabe situar en el lugar del otro y tratarlo de ese modo sin que sea necesario que la otra persona sea igualmente asertiva. Ser asertivo implica contar con las suficientes habilidades sociales, saber tratar al prójimo, sin herir a nadie con la forma en que se comporta, pero tampoco admitiendo heridas por parte de nadie. Se busca controlar la forma en que uno mismo se comporta, teniendo como prioridad la búsqueda de la eficacia y la consecución de las metas que estén definidas de antemano, teniendo presente la necesidad de respetar las propias convicciones y manifestando en público lo que se piensa, sin faltar al respeto debido a los derechos, sentimientos u opiniones de las demás personas, con independencia de que coincidan o no con los propios.

Muchas personas intentan no ser asertivas ante el temor de desagradar a los demás y dejar de ser aceptados por ello. No obstante, aunque se podría evitar una falta de consenso en un primer momento al adoptar esta postura, en términos de largo plazo, esta forma de actuar, contraria a las propias convicciones, dará lugar al surgimiento de problemas con la otra persona. Es necesario estar preparado para tener una gestión inteligente de las diferencias interpersonales que, por otra parte, pueden surgir con facilidad cuando se desarrolla una función de asesoramiento y venta de productos financieros, debido a la complejidad de los mismos y a los importantes intereses que pueden encontrarse en juego en cada momento. Cada cliente posee una serie de opiniones, deseos y formas de pensar diferentes y no en todas las ocasiones los va a plasmar ante los trabajadores de la entidad en la forma más adecuada o, por el contrario, no siempre querrá asumir, por ejemplo, pérdidas en una inversión como consecuencia de circunstancias totalmente ajenas a la voluntad o a la actuación del empleado concreto de que se trate o de la entidad en su conjunto. En caso de que no se gestionen estas sensaciones de forma adecuada, podrían generarse sensaciones de irritación, frustración o inseguridad.

La realidad cotidiana nos indica cómo el comportamiento de muchas personas oscila entre momentos de agresividad y otros de pasividad, sin darse a sí mismos la oportunidad de actuar de forma asertiva. En muchos casos se trata de una conducta aprendida en el sentido de que se ha asimilado desde la infancia que solamente hay dos opciones, la de avasallar a los demás o la de ser avasallado por el resto de las personas. Punto de partida que, de no modificarse a lo largo del tiempo, impediría actuar desde una posición de asertividad.

Ser asertivo supone:

- Mantener de forma efectiva una conversación con uno mismo.
- Tomar consciencia de la forma en que se piensa, se siente, se desea, de cuáles son las necesidades y motivaciones, así como de los correspondientes a las demás personas. Con esta información, deben gestionarse las propias emociones y vivir cada situación de un modo responsable.
- Tener presente el valor que se tiene justamente por el hecho de ser persona, con la misma importancia que los demás, ni superior ni inferior a nadie,

dado que la categoría de persona es compartida por todos y que la satisfacción de las necesidades es un objetivo tanto propio como de las demás personas que rodean a cada uno.

Una persona asertiva se manifiesta fundamentalmente en aquellos momentos en que es preciso llevar a la práctica negociaciones o afirmaciones importantes que pueden afectar a terceras personas. En ese momento demuestran tener bien claro lo que están buscando, pidiendo aquello que desean de una forma clara y tranquila. Por otra parte, sabe aceptar tanto los elogios como las posibles críticas de un modo objetivo. De otro modo, es generoso en el momento de elogiar a los demás.

Del mismo modo, también la asertividad se expresa de un modo no verbal, por ejemplo, manteniendo una postura cómoda y relajada, sonriendo, mirando a los ojos de la otra persona (pero no con excesiva fijeza de modo que pudiese sentirse un cierto grado de incomodidad) y teniendo cuidado de no acercarse de una forma excesiva a la otra persona, ya que podría sentir que se está procediendo a invadir el espacio personal y se produciría una situación similar a la de la mirada que se mantiene fijamente durante demasiado tiempo.

- Aprendiendo asertividad

  Es importante ayudarnos a ser asertivos, para ello es importante tener una visión positiva de la vida y una consciencia de nuestro valor como seres únicos, teniendo presentes los derechos y responsabilidades que corresponden a cada persona. Es importante expresar ideas positivas a las personas con las que se trate cotidianamente, aunque únicamente sean pequeños detalles, debe tenerse presente que los mismos pueden hacer grandes diferencias.

  Para poder llegar a ser asertivo, es básico tener presente los derechos que cada ser humano tiene por el mero hecho de serlo: lograr sus metas, determinar el rumbo de su vida, tener opiniones propias sobre cualquier asunto, cometer errores y mejorarse a uno mismo como persona.

- El lenguaje asertivo

  El lenguaje asertivo se caracteriza por la expresión clara de las peticiones que se desean hacer a las demás personas, acordar los plazos en los que se desea que se realicen las cosas, sugerir que se hagan todos los comentarios que se estimen oportunos, exponer las razones que se tienen para realizar las cosas y ofrecerse para ayudar en lo que sea oportuno para alcanzar los objetivos correspondientes. En caso necesario, debe hacerse valer los propios derechos de la forma más clara y detallada, indicando lo que se busca, se opina y se siente. Del mismo modo, debe insistirse a la otra persona solicitando ser tratado con el máximo nivel de respeto, el mismo con el que la persona asertiva trata a los demás. Y en caso de que se nos requiera para realizar algo que se considera improcedente, debe preguntarse el motivo por el cual se ha de realizar esa actividad, ya que como personas que somos, merecemos recibir una explicación suficiente de las razones por la que se nos exige esa conducta.

La práctica del lenguaje asertivo lleva también a exponer a las demás personas las inquietudes que se poseen y lo que se considera importante para otros, de forma que otras personas tengan conocimiento de las opiniones e ideas que poseemos. Ello no puede significar dominar las conversaciones, minimizando la participación de los otros, sino, por el contrario, la idea clave en este punto es participar con las propias inquietudes cuando se considere adecuado y animar a los demás a que lo hagan en términos de igualdad, dado lugar a conversaciones mucho más participativas.

- Las conductas pasiva, asertiva y agresiva

  Anteriormente se señalaba cómo muchas personas tienen como únicos tipos de conducta entre los que optar bien la pasiva o bien la agresiva, sin tener presente en ningún momento la asertividad. En ese sentido es importante destacar las características principales de cada una de estas tres modalidades de conducta, con lo que será más evidente la relación de ventajas que en los ámbitos tanto profesional, como personal y organizacional implica el ejercicio de la conducta asertiva:

  — La conducta pasiva

  La conducta pasiva se encuentra presente cuando la persona renuncia a los derechos que le corresponden para satisfacer a los demás. Los individuos con conducta pasiva renuncian a sus propios derechos, bien sea porque llegan a ignorar sus propias necesidades o porque consienten que otras personas abusen de sus derechos. La justificación que estas personas se dicen a sí mismas de este tipo de comportamiento hace referencia a evitar que surjan problemas o se presenten situaciones que no son agradables. Admiten como válida cualquier crítica, llegando a desarrollar un alto sentido de la culpabilidad disculpándose incluso cuando la crítica que han recibido es injusta.

  En el supuesto de que surjan conflictos con otras personas, lo que es lógico dentro de las relaciones personales, quienes actúan de forma pasiva no muestran cuáles son sus sentimientos u opiniones, silenciándolos como método de evitación de conflictos. Es un modo de actuar muy extendido en nuestra sociedad que, cuando se combina con una personalidad agresiva en la persona con la que se está tratando da lugar a que se produzcan situaciones en las que el otro se aprovecha de tal situación e infringe los derechos que son propios de la persona que actúa en el modo pasivo.

No cabe duda de que una conducta pasiva, a corto plazo, evita situaciones conflictivas, pero, sin embargo, las personas con esta característica suelen sentirse explotadas por los demás, privadas de toda consideración, lo que implica que van más allá de perder el respeto de las personas con las que se relacionan, ya que renuncian a respetarse a sí mismas. Los deseos de estas personas no son tenidos en cuenta en la mayor parte de las ocasiones.

Los individuos pasivos no suelen aceptar la responsabilidad que les corresponde en relación al tipo de vida que tienen. En ocasiones, cuando sufren una excesiva presión para que realicen algo que no desean, dejan de tener control sobre sus emociones y pierden el control de las mismas, pudiendo llegar a producirse situaciones de violencia. Si bien lo más frecuente es que sufran por la situación de forma privada, considerando que la culpa de su baja autoestima se encuentra en los demás, sin considerar la parte que a ellos mismos corresponde de tal situación.

— La conducta agresiva

Como contraste respecto al comportamiento pasivo, la conducta agresiva aparece cuando las personas luchan por sus derechos en una forma en la que llegan a violar los derechos de los demás. Las personas agresivas con mucha frecuencia actúan de forma ofensiva, usando la ironía y la intimidación como forma de dominación de sus semejantes. En su comportamiento existen acciones que dan lugar a la aparición de reacciones defensivas en las demás personas y generan situaciones de tensión, así como discusiones en vez de buscar el mutuo entendimiento. La agresividad puede tener muchas formas de exteriorizarse, pero en todo caso resulta muy desagradable para las demás personas.

El comportamiento agresivo puede dar lugar a un círculo muy negativo. Quienes actúan de un modo agresivo, frecuentemente discuten como forma de defenderse de una serie de críticas que ni siquiera se han pronunciado. Esto se debe a su vulnerabilidad ante las amenazas bien sean las mismas reales o no, esta forma de actuar tiene como única consecuencia el enfrentamiento con las demás personas.

Como principio básico, las personas agresivas buscan destacar a costa de acabar con la autoestima de los demás. La agresividad que practican tiene por objeto humillar a las otras personas en lugar de mostrar lo que piensan de una forma sincera y respetuosa. Cuando una conversación se basa en estos parámetros, el único fruto visible es el antagonismo entre ambas partes.

Las personas que se comportan de este modo sienten preocupación al observar como no son capaces de crear relaciones basadas en la amistad o en la cordialidad con los demás, así como por la imposibilidad que padecen de solucionar los conflictos de una forma que resulte satisfactoria para todas las partes implicadas. Se puede decir, que, en el caso de la conducta asertiva, que busca que todas las relaciones se basen en el esquema de *ganar-ganar*, en el caso de la conducta agresiva el esquema es *perder-perder*, pues si bien es posible que a corto plazo las personas agresivas alcancen algunas metas, es obvio que a medio y largo plazo las consecuencias negativas serán mucho más relevantes.

— La conducta asertiva

El comportamiento de una persona se considera asertivo cuando defienden los derechos que le corresponden sin que ello suponga violar los derechos de los demás. La asertividad supone, como se indicaba con anterioridad, expresar de forma honesta, directa las opiniones, creencias, necesidades y opiniones que se tienen ante cualquier situación en que proceda hacerlo. Implica tener respeto por uno mismo, valorándose como persona y tratándose tanto a uno mismo como a los demás con la máxima inteligencia y consideración, es decir, valorarse a uno mismo y tratarse con tanta inteligencia y consideración como merece cualquier ser humano.

En definitiva, es tener muy presente que es uno mismo el que cuenta con la capacidad de hacer bien las cosas, no se traslada la responsabilidad a terceras personas, lo que, como consecuencia muestra que cuantas más habilidades sociales se cuenten, mejores relaciones se establecerán, no solo en el ámbito personal, sino igualmente dentro del de las relaciones profesionales con el conjunto de los clientes con los que se interactúa diariamente en el trabajo cara al público en una entidad financiera.

Test de autoevaluación

2.1. Las ambientaciones que se pueden realizar de un acto se clasifican en 3 categorías: fijas, polivalentes y...

a) Múltiples.

b) Singulares.

c) Efímeras.

2.2. Si en un evento concurrieran varias personas del mismo rango y orden de precedencia, ¿quién de ellas prevalecerá siempre?

a) La propia residencia.

b) Mayor edad.

c) Más experiencia profesional.

2.3. ¿Mediante qué Real Decreto ha sido aprobado el Reglamento General de Precedencias del Estado?

a) Real Decreto 2099/1983.

b) Real Decreto 3987/1983.

c) Real Decreto 3987/1993.

2.4. ¿Los actos internos de la empresa obligan a cumplir las normas de protocolo oficial?

a) Siempre.

b) Nunca.

c) Cuando asistan autoridades públicas.

2.5. Los actos serán presididos por la autoridad que los organice. En caso de que dicha autoridad no ostentase la presidencia, ¿qué lugar ocupará?

a) El lugar inmediato a la misma.

b) El lugar inferior a la misma.

c) El lugar superior a la misma.

2.6. ¿En qué tres rangos de ordenación se distribuye el régimen general de precedencias?

a) Individual, colectivo y grupal.

b) Individual, general y mixto.

c) Individual, departamental y colegiado.

2.7. ¿De qué tipo de conducta se habla cuando la persona renuncia a los derechos que le corresponden para satisfacer a los demás?

a) Conciliadora.

b) Pasiva.

c) Negociadora.

2.8. ¿Qué conducta desarrollan las personas que buscan destacar a costa de acabar con la autoestima de los demás?

a) Agresiva.

b) Subvalorativa.

c) Negativa.

2.9. ¿Qué lado se considera de honor en una presidencia?

a) El izquierdo.

b) El derecho.

c) Cualquiera de los anteriores.

2 .10. Cuando el número de banderas que ondeen juntas sea impar, ¿cuál será el lugar preeminente y de máximo honor?

a) La posición izquierda.

b) La posición derecha.

c) La posición central.

Actividades prácticas

2.1. Busca la normativa relativa a protocolo de aplicación en tu Provincia o Comunidad Autónoma. Incluye en tu búsqueda a municipios y universidades de tu zona de residencia.

2.2. Localiza en internet 10 ejemplos de ambientación efímera de eventos protocolarios de muy diversos tipos (comerciales, bodas, oficiales).

2.3. Imagina que eres el responsable de protocolo de un Museo y has de organizar una jornada cultural en la que tres expertos realizarán exposiciones de 45 minutos cada uno acerca de la historia de tu Comunidad Autónoma. Redacta un programa del acto basándote en ejemplos que encuentres en internet.